KB124565

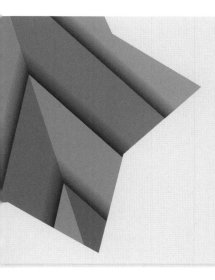

BASA와 함께하는
읽기능력 증진 개별화 프로그램

읽기 나침반

❸ 어휘편

| 김동일 저 |

학지사

읽기는 인류 역사상 새로운 문명을 개척하는 가장 강력한 요소였으며, 자신을 표현하는 중요한 방식이었습니다. 오늘날 과학기술의 발전과 더불어 매일 새로운 정보를 접하게 됨에 따라 읽기를 통한 학습과 읽기 능력의 중요성은 늘 강조되고 있습니다. 따라서 읽기 능력은 학교 학습의 기초이며, 나아가 학생들의 학업과 생활 전반의 중요한 수단으로서 읽기 활동은 필수적입니다.

이에 취학 전 가정에서 한글 학습을 준비하며 초등학교 입학 전 한글을 익히는 것을 당연시하게 되었습니다. 그럼에도 학교 현장에는 여전히 난독증, 학습부진 및 학습장애뿐만 아니라 다양한 문화·경제·언어 특성과 같은 요인들로 인하여 읽기 학습에 어려움을 겪는 학생들이 존재합니다. 이에 따라 읽기에 어려움을 보이는 학습자의 정확한 진단 및 적절한 교육 지원의 필요성이 대두됩니다.

우리나라 현실에서는 학교가 학습자의 개별적인 읽기 수행에 맞추어 탄력적으로 수업을 진행하기 어렵고, 모든 학습자에게 가장 효과적인 교수 방법을 찾는 일 또한 요원해 보입니다. 이에 『BASA와 함께하는 읽기능력 증진 개별화 프로그램: 읽기 나침반』시리즈는 읽기에 심각한 어려움을 겪는 학습자의 현재 수행 수준과 발달 패턴을 살펴보면서 개별화교육이 가능하도록 연구 작업을 통하여 개발되고 수정되었습니다. 이 시리즈는 BASA(Basic Academic Skills Assessment: 기초학습기능 수행평가체제) 읽기검사 결과에 따라 추가적인 중재가 필요한 학습자를 대상으로 학업 생존기술(survival skills)로서 읽기 학습에 초점을 맞추고 있습니다. 따라서 단순히 한글 자모를 외우면서 읽기를 처음 배우는 것을 넘어서서, 다양한 읽기 필수 기능으로서 음운인식, 유창성, 어휘지식, 이해를 계통적으로 밟아 나가며 읽기 전략을 익히도록 기획하였습니다.

1권 〈음운인식편〉은 학습자 중심으로 구성된 '학생용', 그리고 학습자를 돕는 '교사용'으로 구성되었습니다. '학생용'은 총 3단계 과정으로서 1단계에서는 기본모음, 자음을 포함하고, 2단계에서는 쌍자음과 이중모음의 조합을 소개하며, 3단계에서는 복받침을 제외한 받침들을 종류별로 나누어 소개하고 있습니다. 부록에는 학습자가 각 학습 활동에서 사용할 수 있는 붙임딱지와 직접 오려 사용할 수 있는 글자를 포함하여 흥미롭게 진행할 수 있게 제작하였습니다. 이 부록의 글자들은 색깔 코딩이 되어 있어 학습자가 조금 더 의미 있게 한글을 익힐 수 있게 하였습니다.

2권 〈읽기유창성편〉역시 학습자 중심으로 구성된 '학생용'과 학습자를 돕는 '교사용'으로 구성되어 있으며, 총 3단계 9차시로 구성되어 있습니다. 1단계에는 동요, 동시, 짧은글을, 2단계에는 감상글, 주장글, 설명글을, 그리고 3단계에는 전래동화, 역할극, 뉴스글을 구성하여 단계별로 지문의 길이가 늘어나며, 차시별로 다양한 종류의 글을 학습자에게 제공하고 있습니다. 또한 '한 걸음 더 나아가기'를 통하여 학습자가 읽기에서 많이 나타나는 읽기의 법칙을 익히고, 읽기에 흥미와 재미를 가질 수 있는 활동들을 함으로써 읽기에 대한 자신감과 성취감을 느낄 수 있도록 하였습니다. '교사용'은 학습자를 지도하는 교육자 또는 학부모가 학습자와 함께 할 수 있도록 구성하였습니다.

3권 〈어휘편〉은 초등학교 국어 교과서 어휘들의 빈도분석을 실시하여 학습자에게 우선적으로 가르쳐야 하는 어휘목록을 추출해, 그것을 활용하여 개발하였습니다. 또한 초등학교 교육과정에서 어휘 학습 목표를 중심으로 단계를 구분하고, 초등학교 저·중·고학년에서 사용하는 어휘를 단계적으로 사용해 난이도를 구분하였습니다. 각 단계에서는 학습자가 개념을 충분히 이해할 수 있도록 문제풀이는 물론 교사 또는 또래와의 상호작용을 통해 능동적으로 참여할 수 있게 하는 활동을 포함함으로써 학습한 개념을 복습하고 응용할 수 있도록 구성하였습니다.

4권 〈읽기이해편〉은 총 3단계 과정으로 구성하였는데, 각 단계는 초등학교 1~2학년, 3~4학년, 5~6학년 국어 교과서 및 학년 수준의 읽기 자료를 담고 있습니다. 각 단계에서는 읽기 이해에 필수적인 이야기 구성요소 파악하기, 요약하기, 추론하기 등의 개념 및 원리를 학습자가 그림카드, 게임하기, 도식자 등 다양한 자료와 활동을 통하여 쉽게 이해하고 적용할 수 있도록 제시하였습니다.

이 시리즈는 읽기를 찬찬히 꼼꼼하게 공부하는 우리 학생을 먼저 생각하여 교과서 및 다양한 읽기 자료를 기반으로 개별화 학습이 가능하도록 구성되었습니다. 우리 학생들이 의미 있는 증거기반 읽기전략 학습 탐색의 기회에 지속적으로 참여하면서 자신의 눈높이에서 학습자 중심의 자기주도학습의 주체로서 읽기를 배우고 즐기기를 진심으로 기대합니다.

2017년
서울대학교 교육종합연구원 특수교육연구소(SNU SERI) 소장
오름 김동일

📊 어휘란?

우리는 일반적으로 '어휘'와 '단어'라는 용어를 혼용해서 사용합니다. 그러나 개별 단어가 어휘를 의미하기보다는 단어들이 모여 어휘를 구성하는 것이지요. 즉, 단어를 많이 알수록 어휘가 풍부하다고 할 수 있습니다.

📊 어휘능력과 읽기발달

우리가 글을 읽는 궁극적인 목표는 읽은 내용을 이해하는 것입니다. 글을 정확하게 읽고 이해하기 위해서는 긴 문장을 이루고 있는 작은 단위, 특히 사물이나 상황에 대한 직접적인 의미를 가지고 있는 단어에 대한 이해가 필수입니다. 단어를 이해하지 못하면 문장을 이해하지 못하고, 문장을 이해하지 못하면 하나의 글을 이해하기 어렵겠지요? 때문에 어휘능력은 읽기발달을 위해 핵심적인 능력이라고 할 수 있습니다. 어휘능력은 경험에 따라 자연스럽게 향상되기도 하지만 대화에서 많이 사용되지 않은 어휘들의 뜻은 쉽게 이해가 어려워 꾸준한 훈련이 필요한 학습영역이기도 합니다.

📊 어휘 지도의 효과

풍부한 어휘능력을 가지고 있는 학생은 많은 힌트를 가지고 글을 읽을 수 있다고 설명할 수 있습니다. 다시 말하면, 모르는 어휘가 많은 문장에서도 그 어휘 주변에 있는 단어들의 의미를 조합하여 전체 의미를 이해할 수 있는 것입니다. 이렇게 주변 의미를 조합하여 새로운 단어의 의미를 획득하는 능력은 어휘능력이 풍부한 학생이 그렇지 않은 학생보다 더 높다고 알려져 있습니다.

📊 RTI 교수법(중재반응모형, Response-to-Intervention)

RTI는 2001년부터 학습장애 판별을 위해 새롭게 적용된 학습모델입니다. 1수준은 학교 수업처럼 모든 일반 아동을 대상으로 실시하는 대그룹 교수(약 20~30명)이며, 진전도를 점검하여 지속적인 어려움을 보이는 아동을 선별한 후 2수준 교수를 받도록 합니다. 2수준은 소그룹 교수(약 5~7명)로, 보다 집중적으로 교육받을 수 있는 환경과 교재가 제공되며, 충분히 교수를 제공받았음에도 여

전히 진전이 없는 아동은 3수준 교수를 받도록 합니다. 3수준 교수는 일대일 교수를 제공하도록 권고되며, 아동의 수준에 맞는 개별적으로 고안된 중재를 제공합니다.

이 〈어휘편〉은 3수준 교수가 필요한 아동을 대상으로 교사와 아동의 일대일 또는 소그룹 수업을 진행하는 데 효과가 있도록 제작되었으며, 아동의 개별적인 특성과 수준에 맞는 교재를 제공하기 위하여 크게 1, 2학년 수준, 3, 4학년 수준, 5, 6학년 수준의 3단계로 나누어 각 학년군에서 제시하는 학습 목표를 토대로 학습 내용이 구성되었습니다.

📊 어휘편의 단계별 소개

1단계(1~18차시)	2단계(1~18차시)	3단계(1~18차시)
품사, 가변어(동사, 형용사), 의성어 · 의태어, 합성어 · 파생어	상의어 · 하의어, 유의어 · 반의어	동음이의어 · 다의어, 직유법 · 은유법
3~4학년 고빈도 어휘, 3~6학년 공통출현 어휘	5학년 고빈도 어휘, 3~6학년 공통출현 어휘	6학년 고빈도 어휘, 3~6학년 공통출현 어휘
• 품사의 의미를 알고, 모양이 바뀌는 단어(가변어)와 바뀌지 않는 단어(불변어)의 차이를 구분할 수 있다. • 가변어에 해당하는 동사 및 형용사의 다양한 형태를 알고, 문장 속에서 적절한 형태로 활용할 수 있다. • 의성어와 의태어의 개념을 알고, 상황에 적절하게 사용할 수 있다. • 합성어와 파생어의 개념을 알고, 이에 해당하는 단어를 구분할 수 있다.	• 상의어와 하의어의 개념을 알고, 이에 해당하는 단어를 구분할 수 있다. • 기본적인 단어의 상하관계를 이해하고, 상의어와 하의어의 역할을 구분할 수 있다. • 어휘 기억에 긍정적인 영향을 미치는 유의어와 반의어의 관계를 이해한다. • 제시된 어휘에 해당하는 다양한 유의어 · 반의어를 말할 수 있다.	• 동음이의어와 다의어를 통해 단어의 다양한 의미를 이해하고 기존에 아는 단어의 활용성을 극대화시킨다. • 비유적 표현을 사용하여 글을 풍성하게 표현할 수 있음을 이해한다. • 자신의 생각과 감정을 비유적으로 표현함으로써 보다 풍부한 어휘를 활용할 수 있도록 한다.

📊 어휘편 활용 팁

하나, 워크북을 시작하기 전 BASA 기초학습기능 수행평가체제 어휘를 활용하여 기초선을 측정하고 목표를 설정합니다. 이는 아동의 현재 수행 수준을 파악할 수 있게 할 뿐 아니라 학습 속도와 방향에도 긍정적인 도움을 줍니다.

둘, 워크북은 기본적으로 교사와 함께하는 활동과 스스로 하는 활동으로 나뉘어 구성되어 있습니다. 교사와 함께하는 활동을 수행할 때는 아동의 학습흥미 유발과 이해력 증진을 위하여 학습에 자극이 되는 여러 교구를 활용할 수 있으며, 스스로 하는 활동은 과제로 내주어 학습한 내용을 충분히 습득하였는지 확인하는 데 활용할 수 있습니다.

셋, 각 단계는 2~3개의 학습 목표를 포함한 18개의 차시로 구성되어 있습니다. 각 학습 목표는 기본적으로 3차시의 활동을 통해 다루어지는데, 1차시가 학습 목표 개념 설명 및 전달을 위한 명시적 활동이라면, 2~3차시는 학습 내용 복습 및 개별 연습을 강조한 활동으로 구성하였습니다. 복습 및 개별 연습을 강조한 활동지는 학생의 학습 정도를 확인하는 숙제로도 활용될 수 있습니다. 경우에 따라서는 4차시 활동에서 응용학습 활동을 포함하기도 하였습니다.

넷, 각 차시는 1~3개의 활동을 포함하며, 동일한 학습 목표의 내용을 다양한 활동 형태 및 유형을 통해 익힐 수 있도록 하였습니다.

다섯, 학습 목표를 다루는 해당 차시들의 첫 번째 차시에서는 개념소개와 '점검해 봅시다!' 어휘체크리스트를 제시하였습니다. 이는 해당 차시에서 다루는 개념과 단어들에 대한 이해정도를 확인하여 학생들의 수준을 파악하고 학습방향을 설정하기 위한 정보를 제공합니다. 뿐만 아니라, 해당 차시들의 학습이 끝난 후 어휘 학습정도를 다시 한 번 검토하는 데 사용할 수도 있습니다.

여섯, 단계가 올라갈 때마다 BASA를 활용하여 진전도를 확인합니다. 처음에 설정했던 목표를 잘 따라오고 있는지 확인하는 것으로 아동의 학습속도가 예상 목표보다 느리거나 빠를 경우 진전도 점검을 통해 목표를 수정할 수 있습니다.

▦ 구성과 특징

본 워크북은 총 54차시로 구성되어 있습니다. 각 차시를 시작할 때마다 차시에서 다루게 되는 학습 주제, 목표 등에 대하여 설명해 주세요. 각 단계에서 하나의 학습 목표는 3개의 활동지를 통해 관련 어휘 활동이 이루어집니다. 1차시는 활동을 통해 학습 개념을 이해하는 활동으로 구성되어 있으며, 교사의 지도 및 모니터링이 제공될 때 더욱 효과적입니다. 따라서 교사와 함께하는 1차시를 진행하는 동안 학생이 개념을 제대로 이해했는지 확인해 주시고 관련된 어휘를 추가적으로 생각하여 확장된 사고를 할 수 있도록 지원해 주세요. 1차시와 조금 다르게 2~3차시는 앞서 학습한 내용을 바탕으로 학생이 스스로 할 수 있는 내용을 담았습니다. 활동 과정에서 교사의 직접적인 지원보다는 학생의 반응에 능동적으로 반응하고 그와 관련된 대화를 통해 성공경험 및 동기를 높여 주세요.

▦ 교사와 함께하기

수업 시간	30~40분
준비물	연필, 지우개, 가위, 풀, 색연필 등
방식	개별 지도(1:1) 및 소그룹 수업

1. 학습 목표를 설명합니다.

어휘와 관련하여 교과서에 중요하게 다루고 있는 개념과 원리를 이해하고 연습할 수 있도록 구성되었습니다. 각 학습 목표를 다루는 해당 차시의 첫 번째 차시에서는 학습 내용을 집약적으로 나타내는 그림과 함께 이야기 전달 방식의 개념 설명이 가능하도록 내용을 구성하였습니다. 개념을 설명하는 구체적인 그림이나 활동자료를 통하여 교사와 학생 사이의 상호작용을 높일 수 있으며, 개별 및 소규모 지도에서 아동의 흥미와 집중도를 높일 수 있습니다. 또한 교사는 활동을 통하여 학생에게 자연스럽게 칭찬과 격려를 할 수 있습니다.

2. 도입학습을 합니다.

도입학습에서는 본격적으로 학습한 개념을 바탕으로 문제를 해결하고, 이를 활용하여 문장을 완성해 볼 수 있습니다. 어휘능력은 전반적인 학습에 중요한 영향을 미칠 수 있습니다. 그러나 정의 위주의 반복적인 학습은 어휘에 대한 학생의 흥미를 떨어트릴 수 있습니다. 따라서 학생이 많은 수의 단어를 외우기보다도, 이 워크북에서 제공하는 주요 어휘를 능동적인 활동을 통해 학습하고 이를 기준으로 관련 어휘를 생각해 보고 찾아봄으로써 학생의 능력을 최대한 확장시킬 수 있도록 기회를 제공해 주세요.

3. 적용학습을 합니다.

교사와 함께하기 활동의 마지막 단계는 적용학습입니다. 앞서 학습한 개념과 원리를 적용하고 연습할 수 있습니다. 단계적으로 난이도를 조정하여 보다 긴 문장을 창의적으로 적을 수 있도록 구성하였습니다. 다양한 응답이 가능한 만큼 학생의 응답을 확인해 주시고, 이와 관련된 대화를 통해 학생의 학습 방법 및 이해 정도를 확인해 주세요.

🎛 스스로 하기: 오늘 학습했던 내용을 과제로 주세요.

스스로 하기 활동은 교사와 함께하기 활동을 통해서 학습한 내용을 복습할 수 있도록 구성되어 있습니다. 매일 15~20분 정도의 시간을 들여 교사와 함께한 핵심 개념 및 원리들을 스스로 정리해 보고, 간단한 문제를 통해 자신의 학습 상태를 확인할 수 있습니다. 이때 가정에서 부모님이 도와주거나 또래의 도움을 받을 수도 있습니다.

차례

단계
01

1차시

품사란?

• 어휘를 분류하는 품사의 뜻을 안다.
• 불변어와 가변어의 차이를 알고, 그 기준에 따라 어휘를 분류할 수 있다.

점검해 봅시다!			
건지다	☐	사용하다	☐
까맣다	☐	사진	☐
달리다	☐	쓰러지다	☐
두드리다	☐	용돈	☐
무섭다	☐	재미있다	☐
묶다	☐	춥다	☐
병	☐	흐리다	☐
병원	☐	흔들다	☐

이 세상에는 정말 많은 사람들이 살고 있어요. 그런데 우리는 피부 색깔, 살고 있는 나라, 성별 등과 같은 다양한 연결고리로 사람들을 나누기도 한답니다. 한국사람, 미국사람, 일본사람처럼 말이죠. 수많은 어휘도 각 단어가 가지는 성질에 따라 나누어집니다. 이렇게 어휘를 나누는 것을 품사라고 하는데, 품사를 알면 단어를 빨리 찾고 이해하는 데 도움이 된답니다.

어휘들의 성질은 다양하지만, 이 차시에서는 단어의 형태 변화라는 품사의 연결 고리를 찾아볼 거예요. 이 연결 고리는 단어의 모양이 변하지 않는지(불변어) 또는 모양이 변하는지(가변어)와 관련이 있습니다. 불변어와 가변어에 대해 알아봅시다!

너와 나의 연결 고리

모양이 변하지 않는 단어 알아보기

✏️ 그림을 설명할 수 있는 문장을 완성하고, 문장들에서 공통적으로 사용되는 단어를 오른쪽에 적어 보세요.

1.

_____을(를) 밟았다.　_____ 속에 보물을 묻었다.　우리는 _____을(를) 가지고 놀았다.

2.

_____은(는) 이상하게 생겼다.　_____ 때문에 놀랐다.　_____이(가) 싫다.

3.

건물이 _____ 높다.　그녀는 _____ 아름답다.　이별은 _____ 슬프다.

4.

나는 _____을(를) 만들 수 있다.　나는 _____ 모으는 것을 좋아한다.　나는 _____이(가) 많다.

✍ 아래의 나무토막 쌓기 장난감을 보면, 나무토막들은 생긴 그대로 막대기에 넣을 수 있습니다. 이처럼 어떤 문장에서 사용되어도 원래 단어 모양이 바뀌지 않는 단어를 찾아 오른쪽 나무토막에 적어 봅시다.

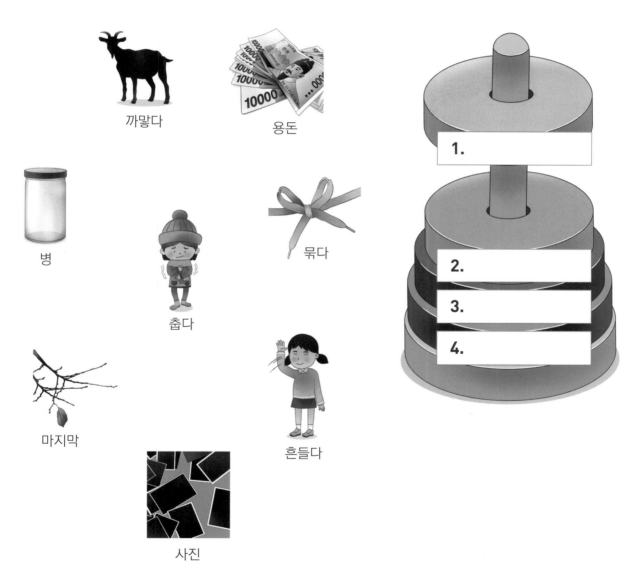

까맣다

용돈

병

춥다

묶다

마지막

흔들다

사진

1.

2.

3.

4.

💡 TIP 단어 뒤에 -을, -를, -이, -가와 같은 조사가 붙을 수는 있지만 원래 단어의 모양은 변하지 않음을 꼭 알려 주세요. 그리고 앞서 연습한 것처럼 단어를 사용해서 다양한 문장을 말해 보며 정답을 찾을 수 있도록 도와주세요.

모양이 변하는 단어 알아보기

🖋 왼쪽에 주어진 단어를 활용하여 그림의 설명을 완성해 봅시다.

1.
달리다

혜영이는 지각을 하지 않기 위해 열심히 _____.

빠르게 _____ 자동차는 조심해야 한다.

열심히 운동장을 _____ 땀이 많이 났다.

2.
재미있다

만화책은 정말 _____.

_____ 사람은 인기가 많다.

게임이 _____ 계속 하고 싶다.

3.
흐리다

쓰레기가 많이 쌓인 강의 물이 _____.

글씨가 너무 _____ 잘 읽을 수 없었다.

_____ 하늘에서 금방이라도 빗방울이 떨어질 것 같았다.

4.
사용하다

_____ 휴지는 휴지통에 버립시다.

선미는 이번 달 용돈을 모두 _____.

빌린 연필을 _____ 제자리에 돌려놓았다.

나무토막 쌓기 2

✏️ 이번 나무토막 쌓기 장난감은 조금 다르게 생겼죠? 이 막대기에 나무토막을 넣기 위해서는 나무토막에 모양을 막대기에 맞게 이리저리 움직여야 합니다. 이처럼 사용되는 문장에 따라 모양이 바뀌는 단어를 찾아 왼쪽 나무토막에 적어 봅시다.

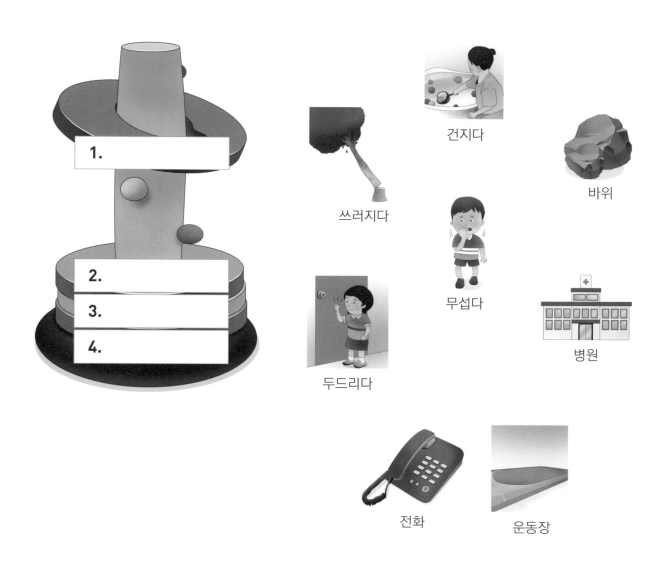

1.

2.

3.

4.

건지다

쓰러지다

바위

무섭다

두드리다

병원

전화

운동장

2차시 ▶ 모양이 변하는 단어: 동사

📖 **학습 목표**
- 동사의 의미에 대해 안다.
- 동사의 다양한 형태를 알고, 문장 속에서 적절하게 활용할 수 있다.

점검해 봅시다!			
흩어지다	☐	자다	☐
가라앉다	☐	입다	☐
피하다	☐	열다	☐
굽히다	☐	걷다	☐
오르다	☐	줍다	☐
떨어지다	☐	모으다	☐
먹다	☐	달리다	☐
놀다	☐	이루다	☐

위의 그림에서 누가 무엇을 하고 있는지 이야기해 볼까요? 솔솔 부는 바람에 낙엽이 떨어지는 공원에서 환경미화원 아저씨가 쓰레기를 줍고 있어요. 또 어떤 여자아이는 줄넘기를 넘고 있고, 그 옆으로는 자전거가 달리고 있네요. 여기서, '줍다, 넘다, 떨어지다, 달리다'와 같이 사람이나 사물의 움직임을 나타낼 때 사용하는 단어를 동사라고 해요. 동사는 앞에서 살펴본 모양이 변하는 단어들(가변어) 중 하나입니다.

이번 차시에서는 다양한 동사에 대해 알아보고, 문장 속에서 그 모양이 어떻게 다양하게 바뀌는지에 대해서도 살펴보도록 해요!

동사 써 보기

✏️ 다음 그림은 사람이나 사물의 움직임을 나타내고 있습니다. 각 그림에 해당하는 알맞은 말을 〈보기〉에서 찾아 써 봅시다.

〈보기〉

| 가라앉다 | 숙이다 | 오르다 | 피하다 | 떨어지다 | 마시다 |

1. 물을 ☐☐☐ .

2. 배가 ☐☐☐☐ .

3. 비를 ☐☐☐ .

4. 허리를 ☐☐☐ .

5. 산을 ☐☐☐ .

6. 낙엽이 ☐☐☐☐ .

동사 연결하기

각 동사에 해당하는 다양한 형태의 단어들을 모두 찾아서 연결해 봅시다.

밑줄 친 동사를 활용하여 빈칸에 알맞은 말을 써 보세요.

1.

음식 + <u>먹다</u>

⇒ ☐☐ 음식

2.

토끼 + 잠 + <u>자다</u>

⇒ 잠을 ☐☐ 토끼

3.

아이 + 놀이터 + <u>놀다</u>

⇒ 놀이터에서 ☐☐ 아이

4.

옷 + <u>입다</u>

⇒ ☐☐ 옷

3차시 ▶ 동사의 활용

📖 **학습 목표** • 동사의 다양한 형태를 알고, 문장 속에서 적절하게 활용할 수 있다.

문장 완성하기

👆 각 문장에 가장 알맞은 형태의 동사를 연결해 봅시다. 그리고 완성된 문장을 소리 내어 읽어 봅시다.

1.

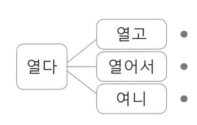

열다 ─ 열고 · / 열어서 · / 여니 ·

- 가방을 .... 준비물을 꺼냈다.

- 가방을 .... 학용품들이 들어 있었다.

- 가방을 ...., 다시 닫았다.

2.

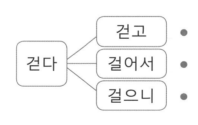

걷다 ─ 걷고 · / 걸어서 · / 걸으니 ·

- 숲길을 .... 기분이 상쾌해졌다.

- 길을 .... 또 걸었다.

- 버스를 타지 않고 .... 집에 도착하였다.

3.

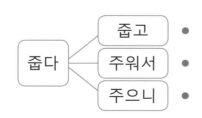

줍다 ─ 줍고 · / 주워서 · / 주으니 ·

- 방과 후, 우리 반은 운동장의 쓰레기를 .... 집에 갔다.

- 도토리를 .... 다람쥐가 나타났다.

- 동전을 .... 지갑에 넣었다.

동사 퍼즐게임

✏️ 각 문장에 적절한 단어의 형태를 써 보고, 빙고판에서 정답을 찾아 색칠해 주세요.

1.

모으다

돈을 _모아서_ 장난감을 샀다.

우표를 .... 취미

두 손을 .... 바르게 앉았다.

모	모	으	고	아
으	아	고	모	서
서	서	모	으	니
모	어	으	으	모
으	아	서	모	는

2.

달리다

힘껏 .... 말

나는 ...., 너는 걸었다.

빨리 .... 밖으로 나갔다.

달	리	고	달	서
르	달	리	라	르
달	리	는	달	리
리	려	고	리	다
려	달	서	다	리

3.

이루다

잠 못 .... 밤

꼭 꿈을 .... 싶다.

소원을 .... 어려웠다.

이	루	이	루	고
뤄	이	루	루	서
고	르	는	이	교
이	루	기	니	르
려	이	고	서	이

✏️ 동사와 관련된 문제를 풀어 봅시다.

1. 다음 단어들의 기본형 동사는 무엇입니까?

묻어서, 묻고, 묻으니

① 물다   ② 묻다   ③ 뭇다

④ 묵다   ⑤ 뭅다

2. 다음의 ( )에 들어갈 수 있는 알맞은 동사의 형태는 무엇입니까?

다리가 아파서 뛰지 않고 ( ) 겨우 집에 도착하였다.

① 걷어서   ② 걸러서   ③ 거러서

④ 걸어서   ⑤ 거더서

4차시 ▶ 모양이 변하는 단어: 형용사

📖 **학습 목표** • 모양이 변하는 형용사의 개념을 학습한다.
• 형용사의 변화된 모양을 이해할 수 있다.

점검해 봅시다!			
길다	☐	매운	☐
넓다	☐	물렁한	☐
달다	☐	느리다	☐
덥다	☐	뜨겁다	☐
짜다	☐	시끄럽다	☐
딱딱하다	☐	조용하다	☐

이번 차시에서 배울 개념은 형용사입니다. 형용사는 모양이 변하는 품사 중 하나입니다. 형용사는 사람의 기분이나 상태를 설명해 주고, 사물을 생생하게 표현할 때 사용하는 말이에요. 형용사를 사용하면 명사를 다양하고 재미있게 표현할 수 있어요. 형용사를 잘 사용한다면 감정을 풍부하게 나타낼 수 있답니다. 동사를 사용하면 움직이는 모습을 나타낼 수 있죠. 동사와 달리 형용사를 사용하면 색깔, 크기, 모양, 감정이나 느낌, 날씨, 상태 등을 설명할 수 있답니다. 예를 들어, '여기 커다란 토끼가 있어요'라는 문장을 보면 토끼가 매우 크다는 것을 상상할 수 있어요. '여기 토끼가 있어요'보다 더 생생하게 묘사할 수 있게 도와주는 것이 바로 형용사죠. 형용사에 대해서 알아보러 가볼까요?

꽃이 예쁘다.

봄

물놀이가 즐겁다.

여름

단풍나무가 빨갛다.

가을

겨울은 춥다.

겨울

* 명사: 사람이나 사물의 이름을 나타내는 품사(예: 고양이, 컵, 기차 등)

형용사 연결하기

📖 주어진 단어에 알맞은 그림을 찾아 선으로 이어 보세요.

길다	
조용하다	
짧다	
덥다	
달다	

🔵 TIP 선으로 연결한 단어를 바탕으로 형용사가 갖는 특징(모양이나 상태 설명)을 한 번 더 설명해 주세요.

형용사 써 보기

다음 그림을 보고 알맞은 형용사를 〈보기〉에서 찾아 써 보세요.

〈보기〉

높다	깨끗하다	시끄럽다	넓다	작다

1. 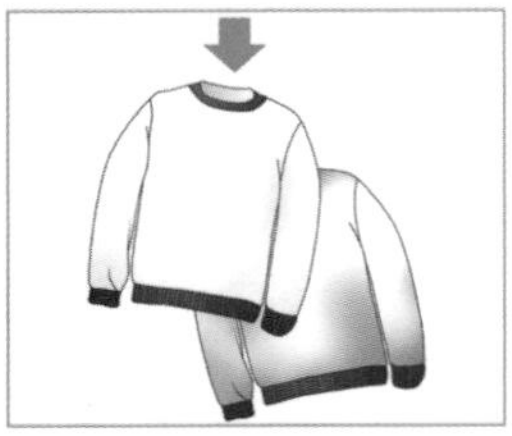

옷이 □□□□.

2. 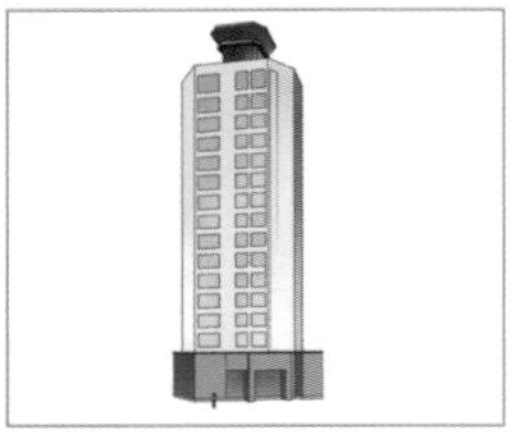

아파트가 □□.

3. 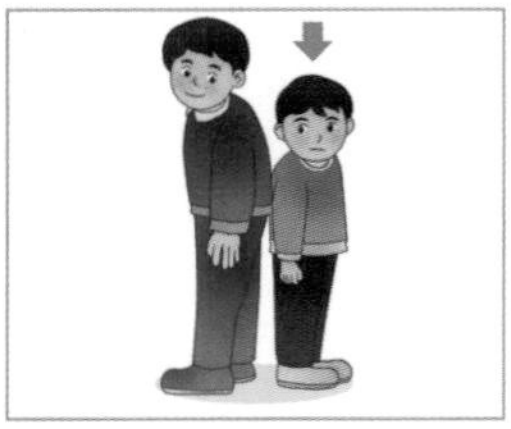

동생은 키가 □□.

4. 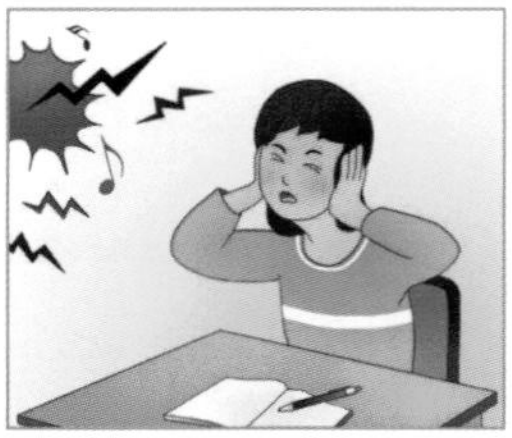

소리가 □□□□.

5. 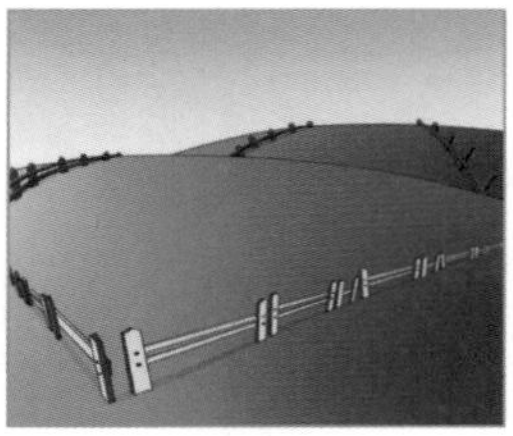

들판이 □□.

TIP 형용사의 기본형을 써 보면서 형용사의 기본 형태에 익숙해지도록 지도해 주세요.

✏️ 다음 그림을 보고 알맞은 형용사를 〈보기〉에서 찾아 써 보세요.

―――――――――― 〈보기〉 ――――――――――

깨끗한   높은   넓은   시끄러운   작은

1.

☐☐☐ 옷

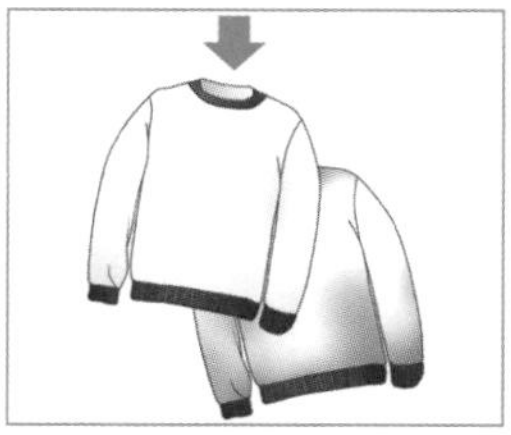

2.

☐☐ 아파트

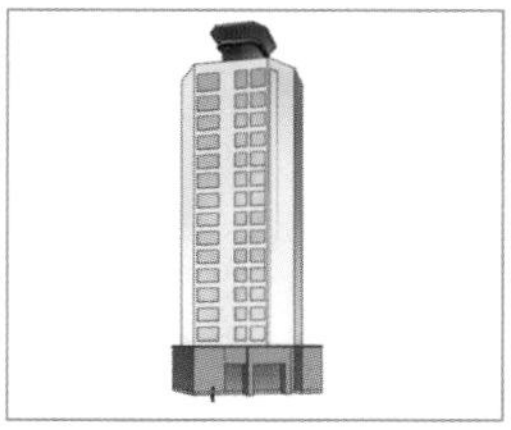

3.

키가 ☐☐ 동생

4.

☐☐☐☐ 소리

5.

☐☐ 들판

💬 TIP 앞에서 제시한 '형용사 써 보기' 활동과 달리 형용사의 모양은 변할 수 있다는 것을 이해하도록 설명해 주세요.

5차시 ▶ 형용사의 활용

📖 **학습 목표**
- 형용사의 다양한 변화를 안다.
- 모양이 변하는 형용사의 특징을 문장 안에서 이해할 수 있다.

형용사의 모양 찾기

📝 다음 〈보기〉의 단어들은 그림을 설명하는 형용사의 다양한 모습입니다. 각 그림의 형용사와 의미가 같은 단어를 찾아서 적어 보세요.

〈보기〉

짠	뜨거운	추워서	느려서
느리고	짜서	추운	뜨거워서
뜨겁고	짜고	느린	춥고

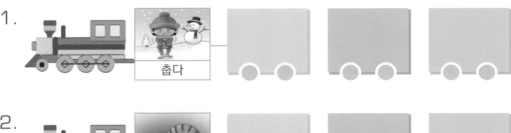

1. 춥다

2. 느리다

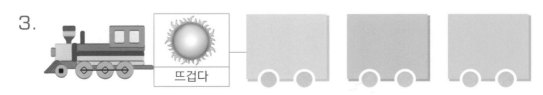

3. 뜨겁다

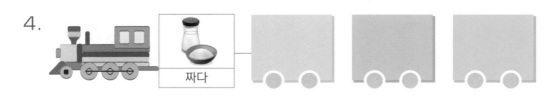

4. 짜다

✍ 다음 문장에 알맞은 형용사의 모양을 골라 ○표 해 보세요.

1.

나는 꿀벌이야. 나는 꿀을 많이 모아서
(기뻐, 기쁘고, 기쁘게).

2.

나는 내일 전학을 가야 합니다. 나는 매우
(슬프고, 슬퍼요, 슬픈).

3.

엄마와 함께 요리를 하니까 (재밌고, 재미있게,
재미있는), 다음에 또 요리를 하고 싶었다.

4.

귀신 이야기는
(무섭다, 무서운, 무섭고), 오싹하다.

5.

어제 다녀온 소풍은 너무
(즐거웠다, 즐겁게, 즐거운).

✍ 형용사와 관련된 문제를 풀어 봅시다.

1. 다음 중 형용사가 <u>아닌</u> 단어는 어느 것인가요?

① 달다   ② 달리다   ③ 즐겁다

④ 화나다   ⑤ 뜨겁다

2. 다음 문장에 들어갈 알맞은 형용사 모양을 골라 보세요.

승현이는 시험에 합격해서 _____, 감사했다.

① 기쁘다   ② 기쁨   ③ 기쁘고

④ 기쁜   ⑤ 기뻘

6차시 ▶ 품사 응용하기

📖 **학습 목표** • 모양이 변하지 않는 단어(불변어)와 변하는 단어(가변어)를 구별할 수 있다.
• 단어의 모양이 변하는 동사와 형용사를 구별할 수 있다.

공룡 색칠하기

👈 앞에서 공부한 모양이 변하는 단어와 변하지 않는 단어를 구분하여 아래의 공룡 그림을 완성해 봅시다. 동사는 초록색, 형용사는 노란색, 그리고 모양이 변하지 않는 불변어는 갈색으로 색칠해 보세요.

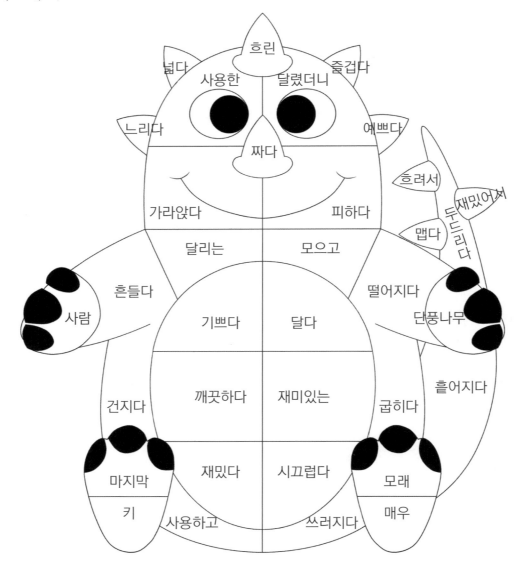

7차시

의성어란?

📖 **학습 목표**
• 의성어의 개념을 이해하고, 어떤 단어가 있는지 학습한다.
• 학습한 의성어를 상황에 적절하게 사용할 수 있다.

점검해 봅시다!			
후루룩	☐	꼬르륵	☐
꼬끼오	☐	드르렁	☐
짹짹	☐	찰칵찰칵	☐
딩동딩동	☐	싹둑싹둑	☐
하하	☐	아삭아삭	☐
깔깔	☐	졸졸	☐
소곤소곤	☐	야옹	☐
쿨쿨	☐	째깍째깍	☐
따르릉	☐	보글보글	☐
부르릉	☐	뚜벅뚜벅	☐
쨍그랑	☐	꿀꺽꿀꺽	☐
지글지글	☐	개굴개굴	☐
달그락달그락	☐	끼룩끼룩	☐

의성어란 소리를 흉내 내는 말입니다. 아래 그림을 보면 '기차가 달린다'는 말보다 '기차가 칙칙폭폭 달린다'는 말이 더욱 실감나고 재미있게 들립니다. 마찬가지로 '아빠가 코를 곤다'는 말보다 '아빠가 드르렁 코를 곤다'는 말이 코를 골며 자는 아빠의 모습을 더 생생하게 떠올릴 수 있게 해 줍니다. 그럼 이제 소리를 흉내 내는 말인 의성어에는 어떤 것이 있는지 함께 살펴볼까요?

의성어 알아보기

✒️ 의성어는 소리를 흉내 내는 말이에요. 말풍선 안에 있는 의성어를 소리 내어 읽어 보세요.

소곤소곤
짹짹
달그락달그락
딩동딩동
찰칵찰칵
깔깔
아삭아삭

🔰 TIP 학생이 말풍선 안의 의성어를 올바르게 읽는지 확인해 주세요. 이 밖에 이미 알고 있는 의성어를 말해 보게 하고, 뜻과 쓰임새도 같이 확인해 주시면 좋아요!

✒️ 의성어가 어떻게 사용되는지 알아보아요!

1.

참새가 | 짹 | 짹 |

2.

웃음소리가 | | |

3.

초인종이 ☐☐☐☐

4.

카메라가 ☐☐☐☐

5.

사과가 ☐☐☐☐

6.

작은 목소리로 ☐☐☐☐

7.

그릇이 ☐☐☐☐☐☐

TIP 의성어를 사용하여 문장을 말해 보게 하여 학습한 내용을 연습할 수 있는 기회를 제공해 주세요.

8차시 ▶ 의성어 써 보기

📖 **학습 목표**
• 일상에서 자주 사용하는 의성어를 학습한다.
• 학습한 의성어를 이용하여 문장을 완성할 수 있다.

의성어 연습하기

🪶 다음 단어의 뜻에 알맞은 소리를 흉내 내는 말을 써 보고, 예문에서 한 번 더 써 보세요.

1. 곤하게 깊이 자면서 숨을 크게 쉬는 소리 : 쿨 쿨

   → 정우는 피곤했는지 잠을 [   ] [   ] 잤습니다.

2. 입을 벌리고 거리낌 없이 크게 웃는 소리 : 하 하

   → 유라는 동생의 재미있는 이야기에 [   ] [   ] 웃었습니다.

3. 가는 물줄기가 잇따라 부드럽게 흐르는 소리 : 졸 졸

   → 시냇물이 [   ] [   ] 흐릅니다.

4. 전화벨이 울리는 소리 : 따 르 릉

   → [   ] [   ] [   ] 하고 전화벨이 울렸습니다.

5. 자동차나 오토바이가 발동할 때 나는 소리 : 부 르 릉

   → 빨간색 오토바이가 지나가면서 [   ] [   ] [   ] 소리가 났습니다.

6. 유리 따위가 떨어지거나 부딪쳐 맑게 울리는 소리 : 쨍 그 랑

→ 설거지를 하다가 접시가 ☐ ☐ ☐ 하고 깨졌습니다.

7. 시계 따위의 톱니바퀴가 자꾸 돌아가는 소리 : 째 깍 째 깍

→ ☐ ☐ ☐ ☐ 시간은 잘도 가는구나!

8. 적은 양의 액체가 잇따라 야단스럽게 끓는 소리 : 보 글 보 글

→ ☐ ☐ ☐ ☐ 찌개 끓는 소리가 맛있게 들린다.

9. 발자국 소리를 뚜렷이 내며 잇따라 걸어가는 소리 : 뚜 벅 뚜 벅

→ 승수는 ☐ ☐ ☐ ☐ 집으로 걸어왔다.

10. 액체나 음식물이 목구멍으로 한꺼번에 많이 자꾸 넘어가는 소리 :

꿀 꺽 꿀 꺽

→ 하은이는 목이 말라서 물을 ☐ ☐ ☐ ☐ 마셨다.

TIP 학습한 의성어의 뜻을 정확하게 알고 활용할 수 있도록 지도해 주세요.

의성어와 관련된 문제를 풀어 봅시다.

1. 다음 중 소리를 흉내 내는 말은 어느 것입니까?
   ① 소곤소곤   ② 펄쩍펄쩍   ③ 둥실둥실
   ④ 꼼틀꼼틀   ⑤ 까딱까딱

2. 다음 중 소리를 흉내 내는 말은 어느 것입니까?
   ① 뚜벅뚜벅   ② 끄덕끄덕   ③ 꼬불꼬불
   ④ 뾰족뾰족   ⑤ 알록달록

9차시 ▶ 의태어란?

📖 **학습 목표**
- 의태어의 개념과 쓰임새를 이해하고 일상에서 자주 쓰이는 다양한 의태어를 안다.
- 학습한 다양한 의태어들을 일상생활 속에서 자연스럽게 사용할 수 있다.

점검해 봅시다!			
휘둥그레	☐	깜짝	☐
대롱대롱	☐	펄펄	☐
털썩	☐	쭈글쭈글	☐
아장아장	☐	깡충깡충	☐
살금살금	☐	허겁지겁	☐
번쩍	☐	알록달록	☐
펄럭펄럭	☐	힐끔	☐
데굴데굴	☐	갸우뚱	☐
머뭇머뭇	☐	허둥지둥	☐
슬금슬금	☐	덥석	☐
쑥쑥	☐	후다닥	☐
무럭무럭	☐	반짝반짝	☐
주렁주렁	☐	모락모락	☐

의태어란 모양이나 움직임을 흉내 내는 말이에요. 아래에 두 친구들은 의태어를 사용하여 대화하고 있습니다. 의태어는 눈으로 보이는 모양이나 움직임을 실감 나게 알려 주는 역할을 합니다.

예를 들어, '놀랐다'는 말보다 '깜짝 놀랐다'는 말이 우리에게 더 많은 사실을 알려 줍니다. 마찬가지로 '눈을 뜨고 있군'보다 '눈을 휘둥그레 뜨고 있군'이라는 말이 친구의 표정을 자세히 상상할 수 있게 해 줍니다.

그럼 이제 모양이나 움직임을 흉내 내는 말인 의태어에 어떤 어휘가 있는지 함께 살펴볼까요?

이럴수가!

갑자기 충격을 받은 듯한 표정을 보니 "깜짝" 놀란 게 틀림없어.

많이 놀라서 눈을 "휘둥그레" 뜨고 있군.

의태어 알아보기

📋 의태어는 모양이나 움직임을 흉내 내는 말이에요. 말풍선 안에 있는 의태어를 소리 내어 읽어 보세요.

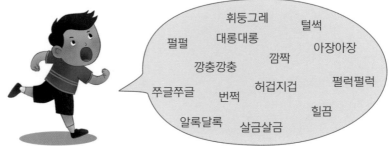

휘둥그레
털썩
펄펄 대롱대롱 아장아장
깜짝
깡충깡충 펄럭펄럭
쭈글쭈글 허겁지겁
번쩍 힐끔
알록달록 살금살금

🔵 **TIP** 학생이 말풍선 안의 의태어를 올바르게 읽는지 확인해 주세요. 이 밖에 이미 알고 있는 의태어를 말해 보게 하고, 뜻과 쓰임새도 같이 확인해 주시면 좋아요!

📋 의태어가 어떻게 사용되는지 알아보아요!

1.

번개가

2.

큰 소리에 □ □

3.

토끼가 □ □ □ □

4.
눈이 ☐☐☐☐

5.
아무도 모르게 ☐☐☐☐

6.
할아버지의 피부가 ☐☐☐☐

7.
시간이 없어 ☐☐☐☐

8.
물이 ☐☐ 끓는

9.
원숭이가 나무에 ☐☐☐☐

10.

바닥에 ☐☐

11.

아기가 ☐☐☐☐

12.

태극기가 바람에 ☐☐☐☐

13.

꽃들이 ☐☐☐☐

14.

옆 사람을 ☐☐

10차시 ▶ 의태어 써 보기

📖 **학습 목표** • 의태어를 사용해 일상생활 속의 사람이나 사물을 생동감 있게 묘사할 수 있다.

의태어 연결해 보기

✍ 아래 그림에서 〈보기〉의 의태어가 들어갈 수 있는 부분을 찾아 연결해 봅시다.

〈보기〉

| 데굴데굴 | 주렁주렁 | 무럭무럭 | 도리도리 | 모락모락 | 허둥지둥 | 방긋방긋 |

✎ 앞에서 연결한 의태어를 사용해 그림을 묘사하는 문장을 완성해 봅시다.

1. 열매가 주렁주렁 달려 있다.   (열매, 달리다)

2. 태양이   (태양, 웃다)

3. 여우가   (여우, 달려가다)

4. 새싹이   (새싹, 자라다)

5. 공이   (공, 구르다)

6.   (강아지, 머리, 젓다)

7.   (굴뚝, 연기, 나다)

> **TIP** 학생이 이전 활동에서 연결한 의태어를 바탕으로 문장을 작성하여 그림을 묘사하도록 도와주세요.

✎ 의태어와 관련된 문제를 풀어 봅시다.

1. 다음 중 의태어에 대한 설명으로 적절하지 <u>않은</u> 것을 고르세요.
   ① 의태어는 모양이나 움직임을 흉내 내는 말이다.
   ② 생동감 있고 자세한 표현을 위해 사용된다.
   ③ 눈으로 보이는 모양이나 움직임을 나타내는 표현이다.
   ④ 의태어의 예로 소곤소곤, 아삭아삭, 짹짹 등이 있다.
   ⑤ 의태어를 통해 읽는 이는 더 구체적인 정보를 알 수 있다.

2. 다음 중 깃발이 바람에 날리는 모양을 흉내 내는 말은 무엇입니까?
   ① 다닥다닥   ② 벌렁벌렁   ③ 비실비실
   ④ 펄럭펄럭   ⑤ 힐끔힐끔

3. 다음 중 남동생이 철봉에 매달린 모습을 흉내 내는 말은 무엇입니까?
   ① 대롱대롱   ② 뚜벅뚜벅   ③ 바짝바짝
   ④ 부슬부슬   ⑤ 터덜터덜

11차시 ▶ 의성어·의태어 구별하기

📖 **학습 목표**
· 의성어와 의태어를 구분할 수 있다.
· 의성어와 의태어를 문맥에 맞게 사용할 수 있다.

점검해 봅시다!							
휘둥그레	☐	데굴데굴	☐	펄펄	☐	허둥지둥	☐
대롱대롱	☐	머뭇머뭇	☐	쭈글쭈글	☐	덥석	☐
털썩	☐	슬금슬금	☐	깡충깡충	☐	후다닥	☐
아장아장	☐	쑥쑥	☐	허겁지겁	☐	반짝반짝	☐
살금살금	☐	무럭무럭	☐	알록달록	☐	모락모락	☐
번쩍	☐	주렁주렁	☐	힐끔	☐		
펄럭펄럭	☐	깜짝	☐	갸우뚱	☐		

의성어 · 의태어 구분하기

✏️ 단어 꾸러미의 단어들을 의성어와 의태어로 구분해 보아요.

살금살금	깔깔	휘둥그레	쭈글쭈글	짹짹	찰칵찰칵	깜짝
소곤소곤	허겁지겁	번쩍	아삭아삭	딩동딩동	깡충깡충	달그락달그락

의성어

의태어

✍ 다음 빈칸에 알맞은 단어를 쓰고, 이 단어가 의성어인지 의태어인지 오른쪽에 표시해 보세요.

살금살금	깔깔	휘둥그레	쭈글쭈글	짹짹
찰칵찰칵	깜짝	소곤소곤	허겁지겁	번쩍
아삭아삭	딩동딩동	깡충깡충	달그락달그락	

1. ☐☐ 거리는 새소리에 잠에서 깼습니다.
　　　의성어 ☐
　　　의태어 ☐

2. 아빠가 나를 ☐☐ 안아 올렸습니다.
　　　의성어 ☐
　　　의태어 ☐

3. ☐☐☐☐ 한 깍두기는 맛있습니다.
　　　의성어 ☐
　　　의태어 ☐

4. 오늘 나는 ☐☐☐☐ 구겨진 바지를 입었습니다.
　　　의성어 ☐
　　　의태어 ☐

5. 배가 고픈 예지는 음식을 ☐☐☐☐ 먹었습니다.
　　　의성어 ☐
　　　의태어 ☐

6. 혜연이는 기분이 좋아 ☐☐☐☐ 뛰었습니다.
　　　의성어 ☐
　　　의태어 ☐

7. 친구가 ☐☐☐☐ 말해서 잘 듣지 못했습니다.
　　　의성어 ☐
　　　의태어 ☐

12차시 ▶ 의성어·의태어 응용하기

📖 **학습 목표** • 의성어와 의태어를 활용한 문장을 쓸 수 있다.

나만의 글쓰기

📝 아래의 예시와 같이 의성어 또는 의태어를 사용하여 그림을 설명하세요.

무섭게 달려오는 희동이를 피하기 위해 사람들은 허겁지겁 도망갔습니다.

1.

_____

_____

2.

_____

_____

3.

_____

_____

4.

5.

13차시 ▶ 합성어란?

📖 **학습 목표**
· 새로운 단어가 만들어지는 과정을 학습한다.
· 합성어의 의미를 파악하고 어떤 단어가 있는지 학습한다.

점검해 봅시다!			
사과나무	☐	꽃무늬	☐
돌다리	☐	꽃받침	☐
꽃잎	☐	꽃바구니	☐
책가방	☐	감나무	☐
엿장수	☐	나무토막	☐
콩나물	☐	열쇠고리	☐
남자아이	☐	놀이공원	☐
장바구니	☐	교통질서	☐

합성어는 둘 이상의 어근으로 이루어진 단어라는 뜻입니다. 여기서 어근이란 말의 뿌리를 뜻하는 말로 단어의 실제 뜻을 지니고 있는 부분을 말합니다. 예를 들어, 사과나무는 '사과'와 '나무'가 합쳐져서 이루어진 합성어예요. 돌다리는 '돌'과 '다리'가 합쳐져서 만들어진 합성어랍니다. 어근들이 합쳐져 만들어진 합성어는 새로운 의미를 가지기 때문에 합성어를 많이 알수록 더 풍부한 단어 실력을 갖출 수 있게 된답니다.

그럼 이번 차시에서는 다양한 합성어에 대해서 알아볼까요?

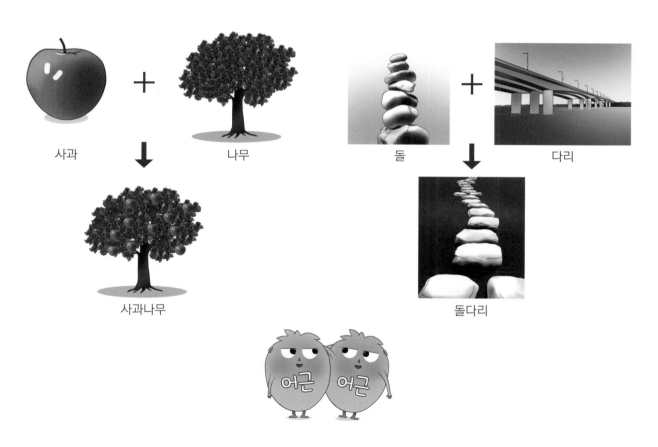

사과 + 나무
사과나무

돌 + 다리
돌다리

합성어 알아보기

✏️ 다음 빈칸에 공통적으로 들어갈 '물체가 나타내는 빛깔'을 의미하는 단어는 무엇일까요?

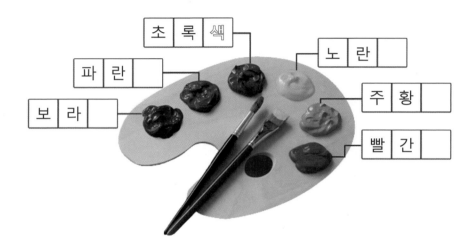

✏️ 우리 주변에는 두 개의 단어로 만들어진 단어가 많아요. 각각의 단어가 뜻을 가지고 있고, 이 단어들이 모여 새로운 뜻을 만들기도 한답니다. 그럼 이제 아래의 단어를 이루고 있는 두 개의 단어를 찾아볼까요?

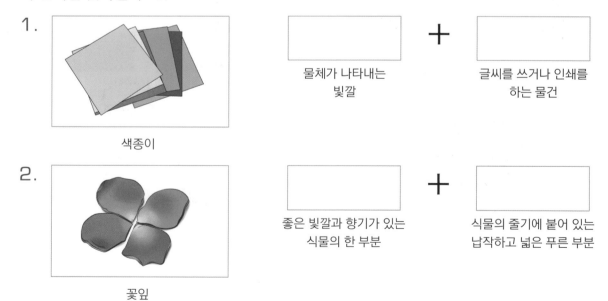

1.

색종이

물체가 나타내는 빛깔   ＋   글씨를 쓰거나 인쇄를 하는 물건

2.

꽃잎

좋은 빛깔과 향기가 있는 식물의 한 부분   ＋   식물의 줄기에 붙어 있는 납작하고 넓은 푸른 부분

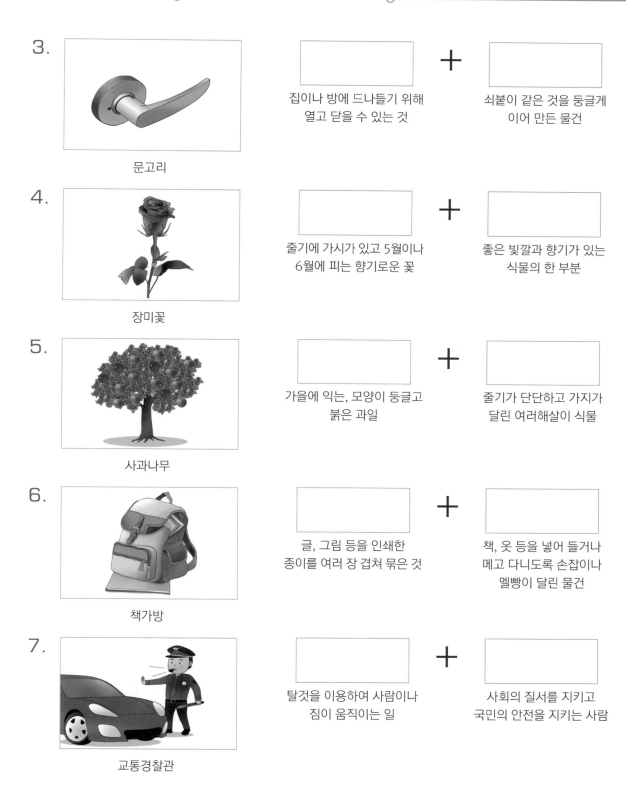

3.

문고리

집이나 방에 드나들기 위해
열고 닫을 수 있는 것

$+$

쇠붙이 같은 것을 둥글게
이어 만든 물건

4.

장미꽃

줄기에 가시가 있고 5월이나
6월에 피는 향기로운 꽃

$+$

좋은 빛깔과 향기가 있는
식물의 한 부분

5.

사과나무

가을에 익는, 모양이 둥글고
붉은 과일

$+$

줄기가 단단하고 가지가
달린 여러해살이 식물

6.

책가방

글, 그림 등을 인쇄한
종이를 여러 장 겹쳐 묶은 것

$+$

책, 옷 등을 넣어 들거나
메고 다니도록 손잡이나
멜빵이 달린 물건

7.

교통경찰관

탈것을 이용하여 사람이나
짐이 움직이는 일

$+$

사회의 질서를 지키고
국민의 안전을 지키는 사람

TIP 각 단어의 사전적 의미를 제시하였습니다. 학생에게 두 단어가 각각 독립적인 의미를 가지고 있다는 것을 꼭 알려 주시고,
뜻을 읽고 이해할 수 있도록 함께 지도해 주세요. 그리고 하나로 합쳐진 단어의 뜻을 학생이 정확하게 이해하고 있는지 확인해 주세요.

합성어 익히기

14차시 ▶

📖**학습 목표** • 짜여진 단어를 나누거나 합칠 수 있으며 그 의미를 안다.

나눌 수 있는 단어 찾기

👉 다음 중 두 단어로 이루어진 아래 단어를 올바르게 나누어 보세요.

1. 편지글   [ ] **+** [ ]

2. 엿장수   [ ] **+** [ ]

3. 밤송이   [ ] **+** [ ]

4. 콩나물   [ ] **+** [ ]

5. 남자아이   [ ] **+** [ ]

6. 장바구니   [ ] **+** [ ]

7. 놀이동산   [ ] **+** [ ]

💡 **TIP** 단어를 나누면서 각 단어의 뜻을 아는지 물어봐 주시고, 뜻을 모르는 경우에는 그 의미를 알 수 있도록 지도해 주세요.

합성어의 뜻 알기

두 개의 단어가 합쳐지면서 어떤 새로운 뜻을 가지게 되었는지 확인해 봅시다.

1. 편지글 •

 • 밤이 들어 있는, 빳빳하고 뾰족한 가시들이 돋친 겉껍데기

2. 엿장수 •

 • 시장에서 주로 먹을거리를 사서 담고 다니는 바구니

3. 밤송이 •

 • 편지에 쓴 글

4. 콩나물 •

 • (주로 헌 물건 값으로) 엿을 파는 사람

5. 남자아이 •

 • 콩에 물을 주어 싹이 나서 뿌리가 자라게 한 먹을거리

6. 장바구니 •

 • 돌아다니며 놀 수 있도록 여러 가지 놀이 시설을 모아 놓은 곳

7. 놀이동산 •

• 남아라고도 불림

> **TIP** 각 단어의 사전적 의미를 제시하였습니다. 학생에게 두 개의 단어가 각각 독립적인 의미를 가지고 있다는 것을 꼭 알려 주시고, 뜻을 읽고 이해할 수 있도록 함께 지도해 주세요. 그리고 하나로 짜여진 단어의 뜻을 학생이 정확하게 이해하고 있는지 확인해 주세요.

📝 합성어와 관련된 문제를 풀어 봅시다.

1. 다음 단어들의 공통점은 무엇입니까?

꽃그림, 첫인상, 땀방울

① 쪼갤 수 없는 단어이다.

② 두 개의 단어가 하나로 합쳐진 단어이다.

③ 단어의 앞부분과 뒷부분은 같은 뜻을 가지고 있다.

④ 단어의 앞부분은 항상 다른 단어와 함께 쓰인다.

⑤ 단어의 뒷부분은 앞부분을 꾸며 주는 역할을 한다.

2. 다음 단어 중 합성어가 <u>아닌</u> 것은 무엇일까요?

① 밤나무　　　　　　② 햇사과　　　　　　③ 눈물

④ 산토끼　　　　　　⑤ 눈싸움

3. 다음의 (　)에 공통으로 들어가면 알맞은 단어는 무엇일까요?

(　)가방, (　)수건, (　)바닥

① 밤　　　　　　② 손　　　　　　③ 해

④ 잠　　　　　　⑤ 눈

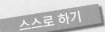

15차시 ▶ 합성어 다지기

📖 **학습 목표**
• 두 개의 단어를 합쳐 합성어를 만들 수 있다.
• 다양한 합성어의 의미를 알고, 이야기 속에서 이를 활용할 수 있다.

새로운 짝 찾아보기

✏️ 빈칸에 공통으로 들어갈 알맞은 말을 아래 상자에서 찾아 적으세요.

문	책	꽃
고리	놀이	편지
동산	교통	나무

1. (1) ☐ ＋ 무늬 : 꽃 모양의 무늬

   (2) ☐ ＋ 받침 : 꽃에서 꽃잎을 받치고 있는 부분

   (3) ☐ ＋ 바구니 : 곱게 모양을 내어 꽃을 담은 바구니

2. (1) 감 ＋ ☐ : 감이 열리는 나무

   (2) ☐ ＋ 토막 : 잘라지거나 부러져 있는 나무의 동강이

   (3) ☐ ＋ 젓가락 : 나무로 만든 젓가락

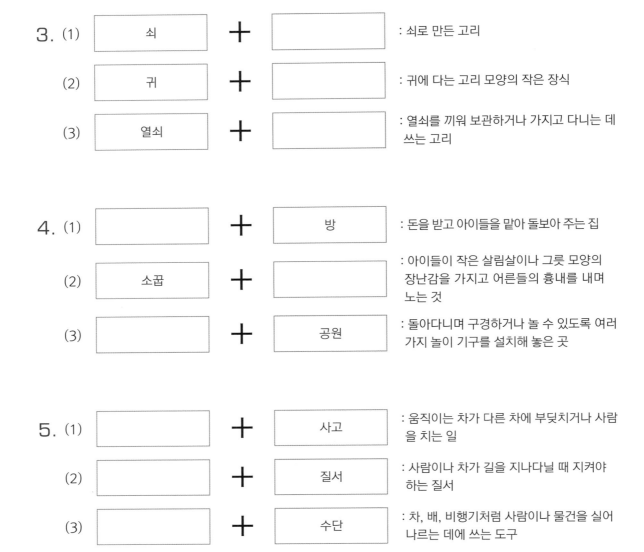

3. (1) | 쇠 | ＋ | ☐ | : 쇠로 만든 고리

(2) | 귀 | ＋ | ☐ | : 귀에 다는 고리 모양의 작은 장식

(3) | 열쇠 | ＋ | ☐ | : 열쇠를 끼워 보관하거나 가지고 다니는 데 쓰는 고리

4. (1) | ☐ | ＋ | 방 | : 돈을 받고 아이들을 맡아 돌보아 주는 집

(2) | 소꿉 | ＋ | ☐ | : 아이들이 작은 살림살이나 그릇 모양의 장난감을 가지고 어른들의 흉내를 내며 노는 것

(3) | ☐ | ＋ | 공원 | : 돌아다니며 구경하거나 놀 수 있도록 여러 가지 놀이 기구를 설치해 놓은 곳

5. (1) | ☐ | ＋ | 사고 | : 움직이는 차가 다른 차에 부딪치거나 사람을 치는 일

(2) | ☐ | ＋ | 질서 | : 사람이나 차가 길을 지나다닐 때 지켜야 하는 질서

(3) | ☐ | ＋ | 수단 | : 차, 배, 비행기처럼 사람이나 물건을 실어 나르는 데에 쓰는 도구

TIP 선생님과 함께 배운 단어들이 다른 단어와 어떻게 조합될 수 있는지 학생이 스스로 생각하게끔 지도해 주세요.

이야기 완성하기

📋 아래 그림을 보고 빈칸에 들어갈 알맞은 단어를 〈보기〉에서 골라 이야기를 완성해 보세요.

─〈보기〉─

김밥	꽃무늬	초록색	책가방	콩나물
교통사고	놀이동산	여자아이	장바구니	나무젓가락

1. ☐☐☐ 치마를 입은
☐☐☐☐ 가 학교에 가고 있어요.
친구의 이름은 은지랍니다.

2. 다음주에는 ☐☐☐☐ 에 간답니다.
선생님께서는 학생들에게 ☐☐ 과 과자,
그리고 김밥을 먹을 때 필요한 ☐☐
☐☐☐ 을 챙겨오라고 하셨어요.

3. 오늘은 학교가 끝나고 ☐☐☐ 을
사야 해요. 엄마의 심부름을 해야 하기
때문이랍니다.

4. 은지는 ☐☐☐☐ 대신
☐☐☐ 에 콩나물을 넣었어요.

5. ☐☐☐☐ 가 나지 않도록
☐☐☐ 신호등이 켜진 후 횡단보도
를 건넜습니다.

6. 엄마의 심부름을 마친 은지가 집에 오자 엄마
는 칭찬을 해 주셨답니다.

16차시 ▶ 파생어란?

📖 **학습 목표**
- 파생어의 개념을 학습한다.
- 파생어의 구성요소에 대해 학습한다.

'빨갛다'와 '새빨갛다'는 어떤 차이가 있을까요? 예를 들어, 빨간 사과가 잘 익어 아주 빨간 사과가 되었을 때, 사과의 색을 더 선명하게 강조하기 위해 '새'라는 단어를 붙일 수 있어요. 그런데 '새'라는 단어는 혼자 쓰일 수 없기 때문에 '빨갛다'라는 단어의 앞에 붙여서 표현해요. 이처럼 실제 뜻을 가진 단어(어근)에 혼자 쓰일 수 없는 말(접사)을 합쳐서 그 의미를 더해 주는 단어를 파생어라고 해요.

우리는 파생어를 통해 생소한 단어의 뜻도 짐작할 수 있어요. '풋사과'라는 단어에서 '처음 나온, 덜 익은'이라는 뜻을 가진 '풋'이라는 말(접사)을 통해 '풋사과'의 뜻을 쉽게 파악할 수 있어요. 따라서 풋사과란, 덜 익은 사과라는 의미로 이해할 수 있겠죠?

이 차시에서는 다양한 파생어에 대해 배워 볼 거예요!

새빨갛다	=	새-	+	빨갛다
풋사과	=	풋-	+	사과

파생어 알아보기

✎ 다음의 단어들을 두 개의 단어로 나누어 보세요.

 헛 수 고

 풋 사 과

 맨 주 먹

 덧 버 선

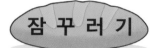 잠 꾸 러 기

 나 무 꾼

🔵 교사용TIP 교사가 먼저 한 개 또는 두 개 단어에 대하여 시범을 보여 주세요.

✎ 위에서 나눈 단어들을 혼자 쓰일 수 없는 단어와 실제 뜻을 가진 단어로 구분해 보세요. (부록 1쪽에서 활용)

혼자 쓰일 수 없는 단어

실제 뜻을 가진 단어

🔵 TIP 구체적인 예시를 통해 어근과 접사에 대한 설명을 제공해 주세요.

파생어 연결해 보기

다음 단어들은 혼자 쓰일 수 없는 말과 실제 뜻을 가진 단어로 이루어진 파생어입니다. 이 중에서 혼자 쓰일 수 없는 말이 서로 같은 단어들끼리 연결해 봅시다.

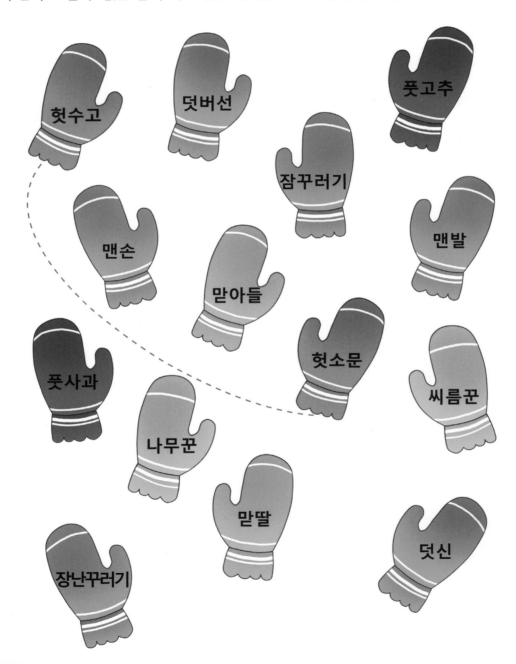

TIP 연결한 단어를 소리 내어 읽게 하고 두 단어에 공통으로 붙어 있는 접사가 무엇인지 생각해 보도록 지도해 주세요.

17차시 ▶

파생어 익히기

📖 **학습 목표**
• 단어의 앞이나 뒤에 붙는 단어(접사)의 뜻에 대해 학습한다.
• 단어의 앞이나 뒤에 붙는 단어(접사)의 뜻을 바탕으로, 다양한 단어의 의미를 짐작할 수 있다.

사다리 타기

🖋 단어의 앞 또는 뒤에 붙을 수 있는 다양한 단어의 뜻에 대해 알아봅시다.

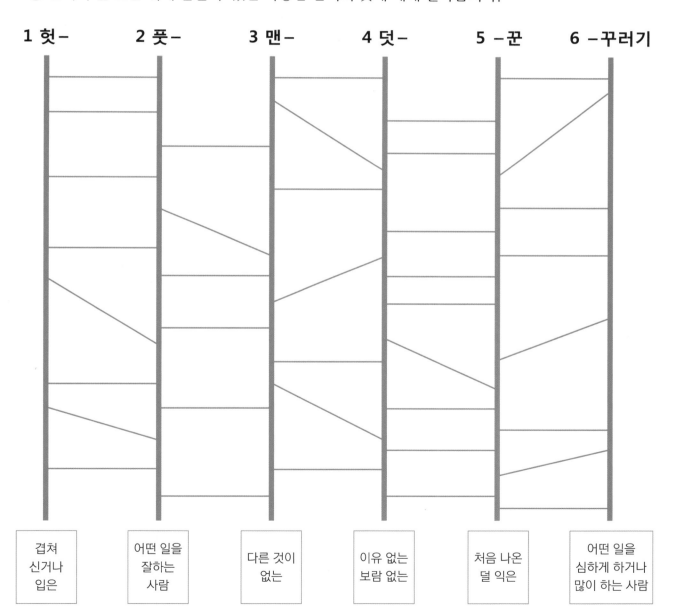

1 헛–	2 풋–	3 맨–	4 덧–	5 –꾼	6 –꾸러기
겹쳐 신거나 입은	어떤 일을 잘하는 사람	다른 것이 없는	이유 없는 보람 없는	처음 나온 덜 익은	어떤 일을 심하게 하거나 많이 하는 사람

✏️ 각 단어가 어떤 뜻을 가지는지 짐작해 보고, 단어와 그 뜻을 바르게 연결하세요.

풋 + 사과

겹쳐 신거나 입은 버선

덧 + 버선

헛되이 떠도는 소문

잠 + 꾸러기

잠이 매우 많은 사람

나무 + 꾼

나무를 잘 베는 사람

헛 + 소문

덜 익은 사과

📖 파생어와 관련된 문제를 풀어 봅시다.

1. 다음의 (   )에 공통으로 들어갈 '처음 나온' 또는 '깊지 않은'의 뜻을 가진 단어는 무엇입니까?

(   )사과, (   )고추, (   )잠

① 애—
② 햇—
③ 풋—
④ 덧—
⑤ 맨—

2. 다음의 (   )에 공통으로 들어갈 '겹쳐 신거나 입는' 또는 '더하다'의 뜻을 가진 단어는 무엇입니까?

(   )셈, (   )붙이다, (   )쓰기

① 애—
② 햇—
③ 풋—
④ 덧—
⑤ 맨—

파생어 다지기

📖 **학습 목표**
• 단어의 앞 또는 뒤에 붙는 단어의 뜻을 바탕으로, 파생어를 만들 수 있다.
• 다양한 파생어의 의미를 알고, 이를 활용할 수 있다.

접사 복습하기

🖋 빈칸에 공통으로 들어갈 수 있는 말을 아래 상자에서 찾아 적으세요.

헛	꾸러기	덧
맨	풋	꾼

1.

	수고	=	아무런 보람 없이 애를 씀
＋	고생	=	아무런 보람 없이 고생함
	걸음	=	목적을 이루지 못하고 돌아감

2.

	버선	=	덧신는 버선
＋	쓰기	=	쓴 글 위에 더해 쓰다
	붙이다	=	붙은 것 위에 겹쳐 붙이다

3.

	사과	=	덜 익은 사과
＋	고추	=	덜 익은 고추
	잠	=	깊이 들지 못한 잠

4.

	손	= 아무것도 끼거나 겸지 않은 손
	발	= 아무것도 신지 않은 발

5.

나무		나무를 잘 베는 사람
사냥	=	사냥을 잘하는 사람
씨름		씨름을 잘하는 사람

6.

잠		잠이 아주 많은 사람
장난	=	장난이 심한 사람
심술		심술이 많은 사람

빈칸 채우기

✏️ 빈칸에 들어갈 단어를 아래의 상자에서 찾아 문장을 완성하세요.

헛수고	사냥꾼	덧신
맨손	풋사과	장난꾸러기

1. 이번 일은 아무런 보람도 없는 _____(으)로 끝났다.

2. 날씨가 많이 추워서 _____을(를) 신고 나갈 거야.

3. 아직 덜 익은 _____의 맛은 새콤달콤하다.

4. _____(으)로 밤송이를 만지면 따가워.

5. 사슴이 _____에게 잡혔다.

6. 놀이터를 시끄럽게 뛰어다니며 노는 유근이는 _____(이)다.

단계

02

1차시 ▶ 상의어란?

📖 **학습 목표**
- 상의어의 개념과 쓰임새를 학습한다.
- 상의어의 기능을 이해하고 활용할 수 있다.

점검해 봅시다!			
세면도구	☐	생선	☐
김치찌개	☐	맨발	☐
음식	☐	우유	☐
참치	☐	칫솔	☐
연어	☐	치약	☐
과일	☐	사과	☐
건물	☐	예술	☐

이번 차시에서는 상의어에 대해서 배워 볼 거예요. 상의어는 다른 단어를 포함하는 단어를 말해요. 아래 그림을 자세히 볼까요? 남자아이가 엄마에게 "엄마, 저 배고파요. 음식 주세요."라고 말하고 있습니다. 그러자 엄마는 "음식? 어떤 음식이 먹고 싶니?"라고 다시 물어보네요. 엄마는 아이가 어떤 음식을 먹고 싶은지 모르기 때문이에요. 이렇게 상의어는 다양한 단어들을 한 번에 말할 때 쓰는 단어를 의미해요. 음식에는 피자, 불고기, 김치찌개와 같은 다양한 단어들이 포함되어 있답니다.

자, 그럼 상의어에는 어떤 단어들이 있는지 더 알아볼까요?

피자가 먹고 싶은 건가?
불고기? 김치찌개?

엄마, 저 배고파요.
음식 주세요.

음식?
어떤 음식이 먹고 싶니?

상의어 알아보기

제시된 어휘를 포함할 수 있는 상의어를 〈보기〉에서 찾아 빈칸을 완성하세요.

〈보기〉

고기	과일	생선

세면도구	음료

1.

고등어   참치   연어

2.

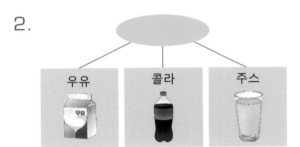

우유   콜라   주스

3.

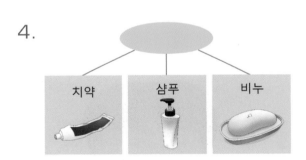

닭고기   소고기   돼지고기

4.

치약   샴푸   비누

5.

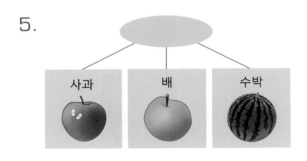

사과   배   수박

상의어 써 보기

✎ 왼쪽 빈칸은 오른쪽에 있는 단어들을 포함하는 상의어가 들어가는 자리입니다. 단어들을 보고 어떤 상의어가 들어가면 좋을지 생각해서 적어 봅시다.

1.

| ? | | 배구 | 야구 | 축구 | 농구 |

2.

| ? | | 옷장 | 책상 | 침대 | 의자 |

3.

| ? | | 배추 | 상추 | 깻잎 | 파 |

> TIP 상의어의 개념을 다시 한 번 물어보고, 확실히 개념을 이해했는지 점검해 주세요.

상의어 익히기

📖 **학습 목표** • 여러 단어들을 포함할 수 있는 상의어를 학습한다.
　　　　　　 • 여러 가지 단어를 포함하는 상의어를 말할 수 있다.

상의어 복습하기

✍ 다음 단어들 중 같은 성격을 가진 단어들끼리 묶어 보고, 이를 포함할 수 있는 한 개의 상의어를 각각 써 보세요.

수박　　　　　코끼리　자두　　　수업　　　굴
복숭아
우체부　　지우개　　　공무원　　운동선수　　신발
배　화가　　　　　가수
딸기　　　　　　　　바다
의사
요리사　　참외　　　　포도　　경찰관

미로 찾기

다음은 미로 찾기 활동입니다. 두 갈래로 나누어진 길에서 박스 안에 단어와 같은 성격을 가진 단어가 적혀 있는 길을 선택하여 미로를 빠져나가 보세요. 미로를 빠져나왔다면, 선택한 단어들을 아래 그림의 빈칸에 차례대로 써 보고, 이들을 모두 포함할 수 있는 상의어를 써 보세요.

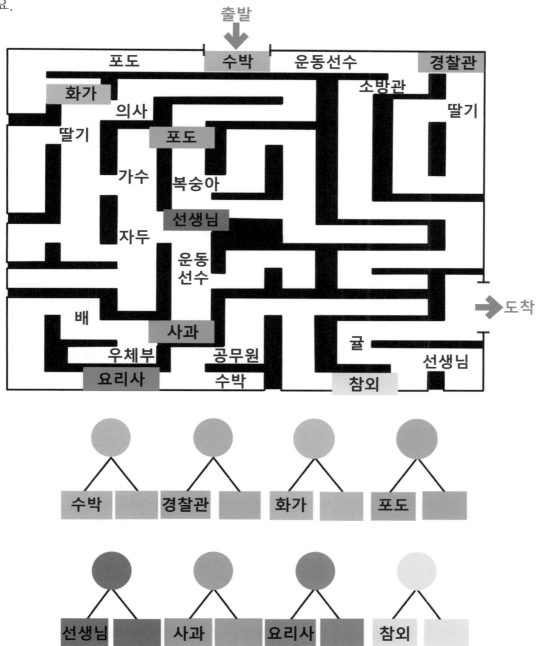

🖋 상의어와 관련된 문제를 풀어 봅시다.

1. 다음의 단어 중 종류가 <u>다른</u> 하나는 무엇입니까?

① 기쁘다　　　　② 화나다　　　　③ 슬프다

④ 착하다　　　　⑤ 미안하다

2. 다음의 단어 중 종류가 <u>다른</u> 하나는 무엇입니까?

① 꽃　　　　　　② 잎　　　　　　③ 줄기

④ 화분　　　　　⑤ 뿌리

3차시 상의어 다지기

상의어 복습하기

✏️ 다음 표를 보고 맞으면 '예', 틀리면 '아니요'를 따라서 내려가 보세요. 정답은 몇 번일까요?

정답: _____

📋 다음 〈보기〉에는 다양한 글자들이 섞여 있습니다. 문제를 보고 ○ 안에 어떤 상의어가 들어가야 할지 생각해 보고, 단어를 완성해 보세요.

〈보기〉

악 주 미 방 용 술 기 품 도 구 직 교 업 통 음 수 식 단

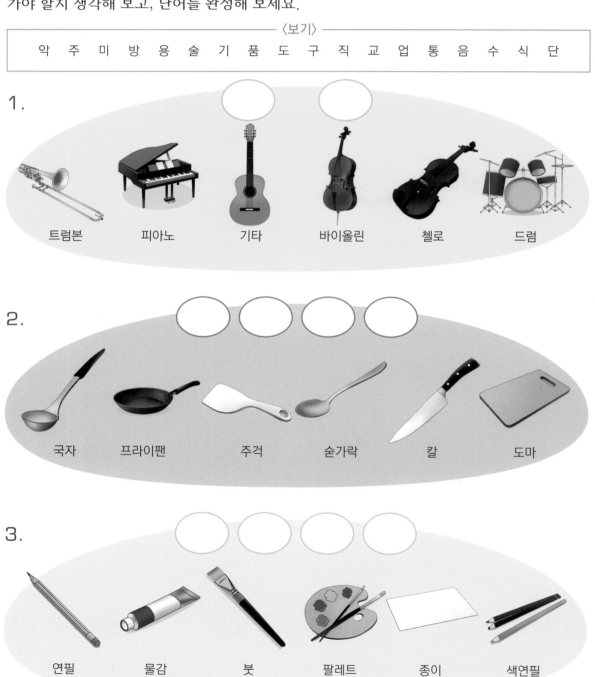

1.
트럼본   피아노   기타   바이올린   첼로   드럼

2.
국자   프라이팬   주걱   숟가락   칼   도마

3.
연필   물감   붓   팔레트   종이   색연필

4.

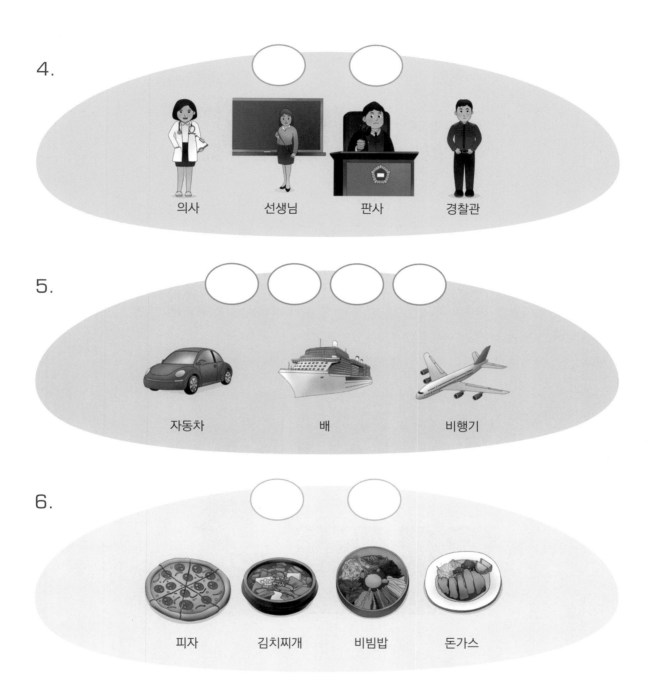

의사   선생님   판사   경찰관

5.

자동차   배   비행기

6.

피자   김치찌개   비빔밥   돈가스

하의어란?

4차시

📖 **학습 목표**
- 하의어의 개념을 학습한다.
- 특정 상의어에 해당하는 하의어를 알고, 같은 성격을 가진 하의어들끼리 구분할 수 있다.
- 복합적인 단어의 상하관계를 안다.

점검해 봅시다!			
나라	☐	교통수단	☐
학용품	☐	자동차	☐
연습장	☐	돛단배	☐
상의	☐	수송기	☐
하의	☐	잠수함	☐
상체	☐	헬기	☐
하체	☐	트럭	☐
채소	☐	전투기	☐

어머니께서 '과일 한 개'를 사오라는 심부름을 시키셨다면, 여러분은 가게에서 무엇을 사야 할까요? 어머니의 심부름이 어려운 이유는 사야 할 것에 대해서 구체적으로 표현해 주시지 않았기 때문입니다. 과일에는 사과, 수박, 배, 바나나, 포도 등과 같은 다양한 종류가 포함되어 있기 때문이죠. 하의어는 상의어보다 구체적으로 표현할 수 있도록 해 줍니다. 만약 어머니께서 '사과 한 개'를 사오라는 심부름을 시키셨다면, 고민하지 않고 심부름을 할 수 있었겠죠?

이제 이번 차시에서 하의어에 어떤 단어들이 있는지 더 알아볼까요?

★ 포유류: 젖을 먹고 자라는 동물
★ 어류: 물에 사는 아가미가 있는 동물
★ 조류: 깃털로 덮인 몸, 부리, 다리, 날개가 있는 동물

★ 양서류: 부드럽고 매끈하며 촉촉한 피부를 가진 동물. 어릴 때는 주로 물에서 생활하고 성장하면 육지에서 생활하는 동물(예: 개구리, 도롱뇽)

✍ '동물' '나라' '학용품'에 포함되는 하의어 스티커를 부록에서 찾아 해당하는 곳에 스티커를 붙여 트리를 장식해 주세요. (부록 2쪽 스티커 활용)

🔵 TIP 하의어들 간의 구분을 어려워할 경우, 스티커의 모양을 통해 힌트를 얻을 수 있도록 해 주세요.

✎ 아래 그림을 보고 '동물' '나라' '학용품'에 포함되는 단어들을 모두 찾아 선으로 연결해 보세요.

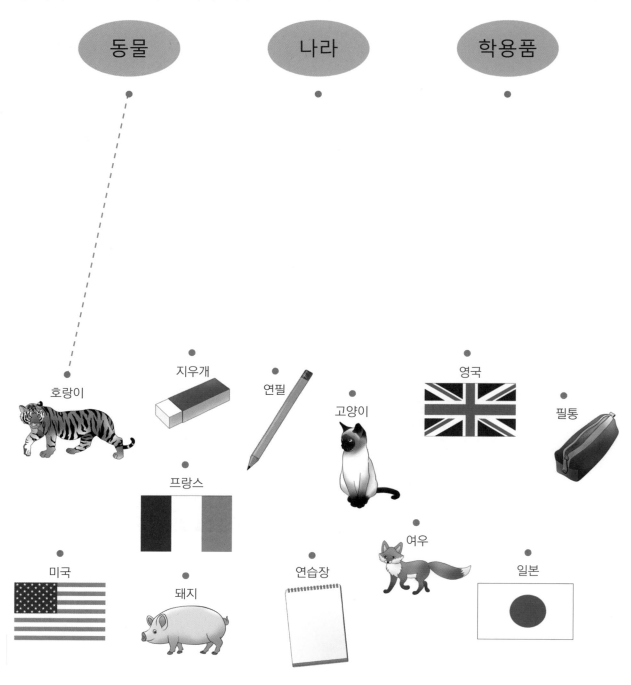

동물　　　　　나라　　　　　학용품

호랑이　　지우개　　연필　　고양이　　영국　　필통

프랑스

미국　　돼지　　연습장　　여우　　일본

TIP 교재에 제시되지 않은 하의어에 대해서도 자유롭게 이야기할 수 있도록 지도해 주세요.

5차시 ▶ 하의어 익히기

📖 **학습 목표**
  • 특정 상의어에 해당하는 다양한 하의어를 학습한다.
  • 다양한 하의어들 중 같은 성격을 가진 하의어를 생각해 낼 수 있다.

마인드맵 완성하기

☝ 다음 마인드맵에서 제시된 상의어에 포함되는 다양한 하의어를 빈칸에 써 봅시다.

1.

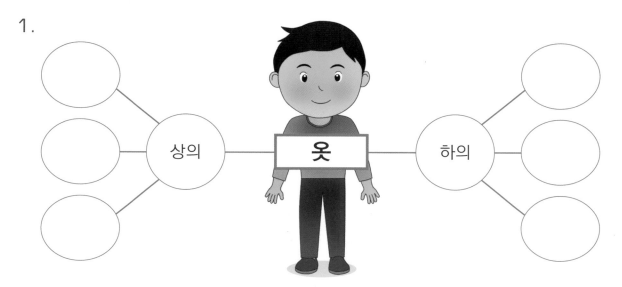

2.

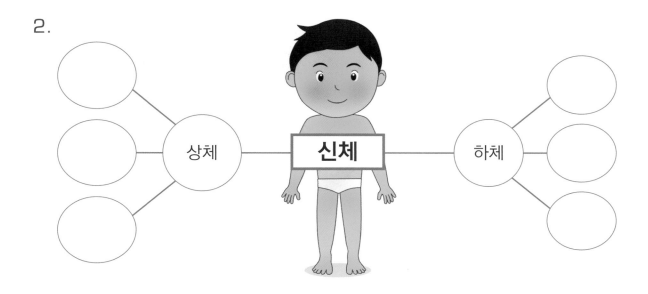

3.

액세서리

4.

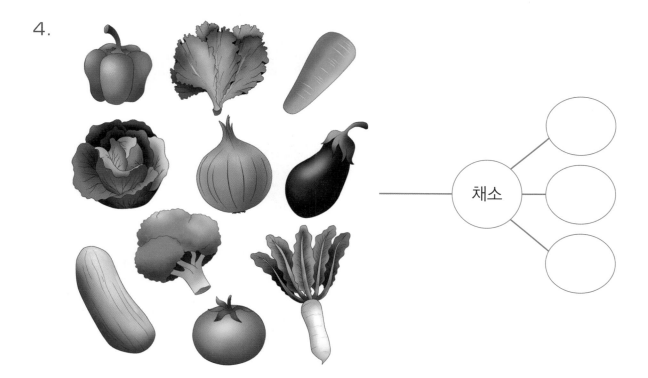

채소

내가 좋아하는 아이스크림

🖊 다음 글에서 색깔에 포함되는 단어들에 ○표 해 보고, 과일에 포함되는 단어에 세모를 해 보세요. 글을 읽고 난 후에는 현아, 미영, 준기를 찾아보고 이들이 먹은 아이스크림 맛을 빈칸에 적어 보세요.

현아, 미영, 준기는 놀이터에서 놀고 있었어요.
현아는 주황색 옷을 입고 있어요.
미영이는 분홍색 옷을 입고 있네요.
준기는 파랑색 옷을 입고 있어요.
이때 준기 엄마께서 데리러 오셨어요.
엄마께서는 "많이 덥지? 우리 아이스크림 먹으러 가자!"라고 하셨어요.
현아, 미영, 준기 그리고 엄마는 아이스크림 가게로 들어갔습니다.

우리는 먹고 싶은 아이스크림이 서로 달랐어요.
미영이는 "나는 빨강색을 좋아하니까 딸기맛 아이스크림을 먹을래!"라고 말했어요.
현아는 "나는 보라색을 좋아하니까 포도맛 아이스크림을 먹을래!"라고 말했어요.
준기는 "나는 연두색을 좋아하니까 멜론맛 아이스크림을 먹을래!"라고 말했어요.

아이스크림은 정말 맛있었답니다!

이름			
아이스크림 맛			

☞ 하의어와 관련된 문제를 풀어 봅시다.

1. 다음 중 '색깔'에 해당하지 <u>않는</u> 단어는 무엇입니까?

① 빨강   ② 무지개   ③ 초록

④ 노랑   ⑤ 파랑

2. 다음 중 '곤충'에 해당하지 <u>않는</u> 단어는 무엇입니까?

① 나비   ② 파리   ③ 곰

④ 잠자리   ⑤ 사슴벌레

6차시 ▶ 하의어 다지기

📖 **학습 목표** • 상의어와 하의어의 역할이 바뀔 수 있음을 알고, 복합적인 단어의 상하관계를 이해한다.

하의어 복습하기

✏️ 교통기관들 중 하늘에서 다니는 것, 땅에서 다니는 것, 바다에서 다니는 것을 구분하여 해당하는 장소에 스티커를 붙여 그림을 꾸며주세요. (부록 3쪽 스티커 활용)

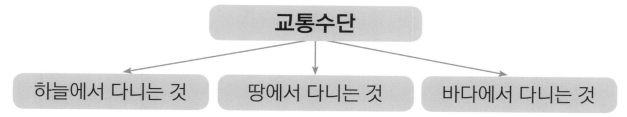

교통수단

하늘에서 다니는 것   땅에서 다니는 것   바다에서 다니는 것

식물 가계도

🖊 화살표 방향을 통해 단어의 상하관계를 파악하고, 빈칸에 알맞은 말을 아래의 상자에서 찾아 쓰세요.

─── 〈보기〉 ───

코스모스   나무

소나무   장미꽃   단풍나무

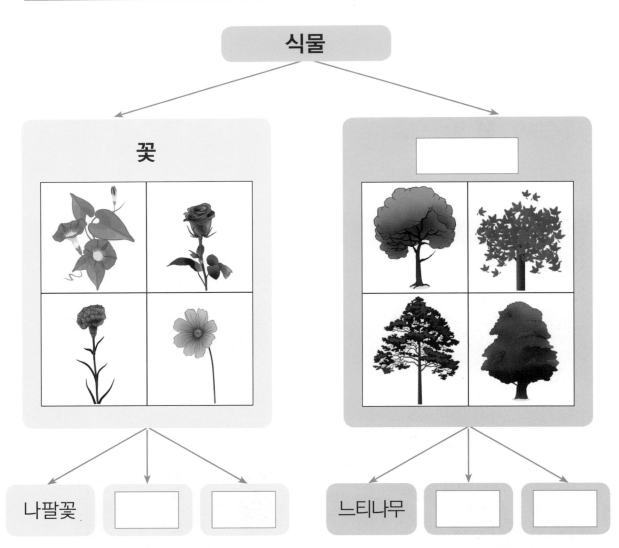

식물

꽃

나팔꽃

느티나무

7차시 ▶ 상의어·하의어 알기

📖 **학습 목표** • 상의어와 하의어를 구분하고 그 관계에 알맞은 단어를 선택할 수 있다.

상의어 · 하의어 써 보기

📓 단어들은 다양한 관계를 가지고 있어요. 특히 하나의 단어가 다른 단어를 포함하는 상하관계의 단어들이 있답니다. 다른 단어를 포함하는 단어는 '상의어' 그리고 포함되는 단어는 '하의어'라고 합니다.

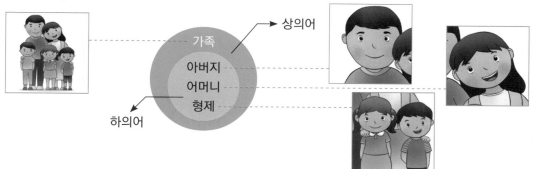

📝 왼쪽에 제시된 단어들을 포함할 수 있는 상의어를 적으세요.

1. | 연필 　 공책 　 필통 | ---------------- |

2. | 경찰관 　 교사 　 변호사 | ---------------- |

3. | 제비 　 기러기 　 독수리 | ---------------- |

4. | 기쁨 　 슬픔 　 행복 | ---------------- |

5. | 팔 　 목 　 다리 | ---------------- |

6. | 책상 　 의자 　 침대 | ---------------- |

7. | 컴퓨터 　 텔레비전 　 스마트폰 | ---------------- |

✍️ 이번에는 반대로 주어진 단어 안에 포함될 수 있는 하의어를 적어 봅시다.

1. _____ _____ _____ 음식

2. _____ _____ _____ 지역

3. _____ _____ _____ 명절

4. _____ _____ _____ 계절

5. _____ _____ _____ 곤충

6. _____ _____ _____ 장소

7. _____ _____ _____ 운동

8차시 ▶ 상의어·하의어 구별하기

📖 **학습 목표** • 상의어와 하의어의 역할이 바뀔 수 있음을 이해할 수 있다.

상의어 · 하의어의 역할

📕 다른 단어를 포함하는 단어인 '상의어'와 다른 단어에 포함되는 단어인 '하의어'는, 어떤 단어가 기준이 되느냐에 따라서 상의어가 될 수도 있고 하의어가 될 수도 있습니다.

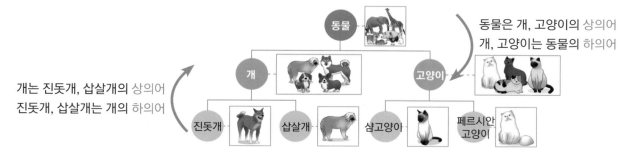

동물은 개, 고양이의 상의어
개, 고양이는 동물의 하의어

개는 진돗개, 삽살개의 상의어
진돗개, 삽살개는 개의 하의어

예를 들어, 개와 고양이가 동물에 포함이 될 때는 하의어이지만, 개가 진돗개와 삽살개를 포함하고, 고양이가 샴고양이와 페르시안고양이를 포함할 때는 상의어가 된답니다.

📕 제시된 단어들을 활용하여 어휘의 관계도를 완성하고 빈칸을 채우세요.

1.
스키부츠, 신발, 부츠,
축구화, 농구화,
가죽부츠, 운동화

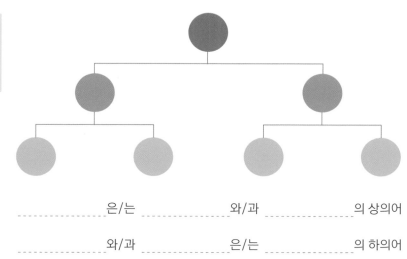

_____ 은/는 _____ 와/과 _____ 의 상의어

_____ 와/과 _____ 은/는 _____ 의 하의어

2.

무용, 음악, 고전무용,
클래식음악, 재즈음악,
예술, 현대무용

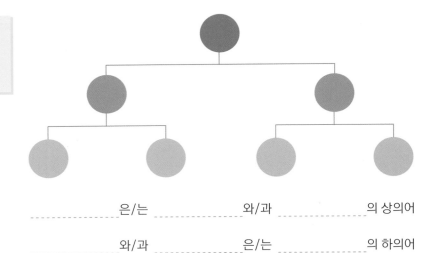

_____ 은/는 _____ 와/과 _____ 의 상의어

_____ 와/과 _____ 은/는 _____ 의 하의어

3.

돈, 백원, 오백원, 천원,
만원, 지폐, 동전

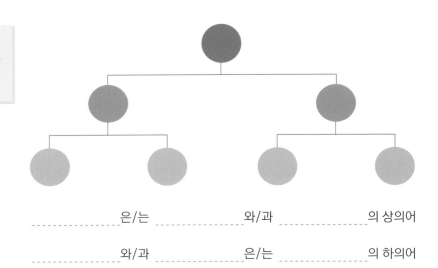

_____ 은/는 _____ 와/과 _____ 의 상의어

_____ 와/과 _____ 은/는 _____ 의 하의어

4.

컵, 그릇, 국그릇, 밥그릇, 유리컵, 식기, 종이컵

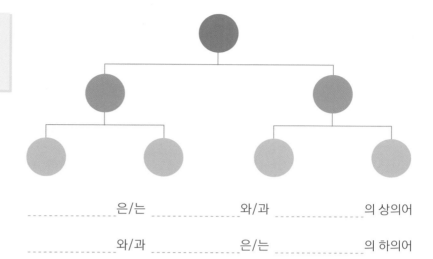

_____ 은/는 _____ 와/과 _____ 의 상의어

_____ 와/과 _____ 은/는 _____ 의 하의어

5.

옷, 주름치마, 바지, 청바지, 치마, 반바지, 원피스

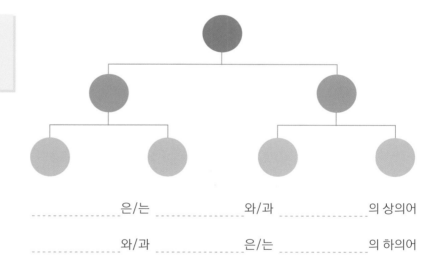

_____ 은/는 _____ 와/과 _____ 의 상의어

_____ 와/과 _____ 은/는 _____ 의 하의어

9차시 ▶ 상의어·하의어 응용하기

📖 **학습 목표** • 상의어와 하의어의 개념을 응용하여 게임에 참여할 수 있다.

빙고게임

✏️ 학습한 상의어 · 하의어를 응용하여 빙고게임을 해 봅시다. (부록 4~5쪽 주사위, 빙고판 활용)

> ☆ 게임방법 ☆
>
> ① 부록의 주사위 도면을 오려서 주사위를 만들어 주세요.
> ② 주사위에 제시된 6개의 단어와 관련된 상의어 또는 하의어를 93쪽의 빙고판에 자유롭게 적으세요.
> ③ 게임을 하는 친구들이 순서를 돌아가면서 주사위를 던집니다.
> ④ 주사위를 굴려 나온 주제어를 보고 술래는 자신이 빙고판에 적은 상의어나 하의어를 하나 골라서 지웁니다.
>   술래가 아닌 친구도 술래가 고른 단어를 자신의 빙고판에서 지웁니다.
> ⑤ 일직선이나 대각선에 있는 모든 단어를 지우면 하나의 빙고가 완성됩니다.
> ⑥ 4개의 빙고를 먼저 완성하고 "빙고!"라고 외치는 사람이 게임에서 승리합니다.

빙고판

10차시 ▶ 유의어란?

• 유의어와 유의관계의 의미를 이해하고 유의어와 유의어가 아닌 단어를 구별할 수 있다.
• 다양한 종류의 유의어를 학습하고 유의어를 적절하게 사용하여 글을 쓸 수 있다.

점검해 봅시다!			
낯	☐	어버이	☐
애달프다	☐	현금	☐
성명	☐	가운데	☐
사내	☐	당황하다	☐
포개다	☐	품다	☐
쌓다	☐	서점	☐
안다	☐	미리	☐

이번 차시에서는 유의어에 대해 알아볼 거예요. 유의어란 서로 같거나 비슷한 뜻을 가지고 있는 단어를 말해요.

이 그림은 무엇인가요? 맞습니다. 사람을 나타내는 그림이죠. 그런데 인간이라고 말하는 건 어떤가요? 사람이라고 해도 맞고 인간이라고 해도 맞네요. (사람≒인간) 이처럼 비슷한 뜻을 가지고 있지만 다른 모양을 가지고 있는 단어를 유의어라고 합니다.

이건 뭔가요? 돈이네요! 그런데 동전과 지폐가 있으니까 현금이라고도 부를 수 있겠네요. 돈, 현금 둘 다 의미하는 바가 유사합니다. (돈≒현금) 따라서 돈과 현금은 유의어입니다.

유의관계 찾아보기

📖 다음 제시된 단어 중에서 서로 유의관계를 가지고 있는 단어를 묶어 보세요.

※ 유의관계를 가진 단어는 2개 또는 3개로 묶일 수 있습니다.

1.
책방	도서관
독서	서점

2.
머리	외모
얼굴	낯

3.
아이	유아
사람	아기

4.
어른	부모
엄마	어버이

5.
이름	성명
단어	별명

6.
여자	사내
남자	남성

7.
달걀	새
계란	병아리

8.
해당하다	생각하다
고려하다	알아보다

9.
애달프다	사랑하다
마음먹다	작정하다

10.
심지어	약간
몹시	무척

> **TIP** 학생에게 유의어가 모양은 다르지만 유사한 의미를 가지고 있음을 가르치는 한편, 각각의 단어가 가진 독특한 의미의 차이 또한 알려 주시면 좋습니다.

11차시

유의어 익히기

📖 학습 목표 • 다양한 종류의 어휘들에 해당하는 유의어가 무엇인지 학습한다.

초성게임

✏️ 먼저 제시된 힌트를 바탕으로 빈칸에 알맞은 단어를 적고, 그 단어의 유의어를 찾아 선으로 연결해 보세요.

 지구를 비롯한 8개의 행성(行星)을 거느리고 있는 항성

| ㅌ | ㅇ | • | | • 헤어숍

 생각이나 사실을 글이나 그림으로 나타낸 종이를 겹쳐서 한데 꿰맨 물건

| ㄷ | ㅅ | • | | • 자판

 규칙을 정해 놓고 승부를 겨루거나 유희를 목적으로 하는 것

| ㄱ | ㅇ | • | | • 책

 주로 머리와 얼굴을 아름답게 꾸며 주는 곳

| ㅁ | ㅇ | ㅅ | • | | • 야채

 식용으로 재배하는 풀

| ㅊ | ㅅ | • | | • 놀이

 손가락으로 두드려 문자를 입력할 수 있도록 글쇠를 배열해 놓은 판

| ㅋ | ㅂ | ㄷ | • | | • 해

📜 유의어와 관련된 문제를 풀어 봅시다.

1. 유의어에 대한 설명으로 가장 적절한 것을 고르세요.
   ① 유근: 유의어란 소리는 같지만 의미가 다른 단어를 말해.
   ② 은정: 유의어는 두 단어의 의미가 완전히 같은 경우야.
   ③ 화연: 유의어는 소리와 의미가 모두 다른 단어를 말해.
   ④ 지영: 유의어는 어떤 단어와 반대의 의미를 갖는 단어를 말해.
   ⑤ 예지: 유의어는 소리는 다르지만 의미가 비슷한 단어야.

2. 다음 중 비슷한 단어끼리 짝지어지지 <u>않은</u> 것은 무엇입니까?
   ① 직접 — 대신   ② 매번 — 항상   ③ 모든 — 전부
   ④ 몹시 — 무척   ⑤ 미리 — 먼저

3. 어려운 말을 이해하기 쉬운 말로 바르게 고쳐 쓴 것은 무엇입니까?
   ① 대표하다 → 유명하다   ② 고려하다 → 생각하다   ③ 적절하다 → 이해하다
   ④ 해당하다 → 알아보다   ⑤ 발표하다 → 살펴보다

유의어 다지기

📖 **학습 목표** • 여러 단어의 유의관계를 알고, 이를 찾을 수 있다.

유의어 복습하기 1

📝 다음 나열된 단어 중에서 유의어를 찾아 빈칸에 적어 봅시다.

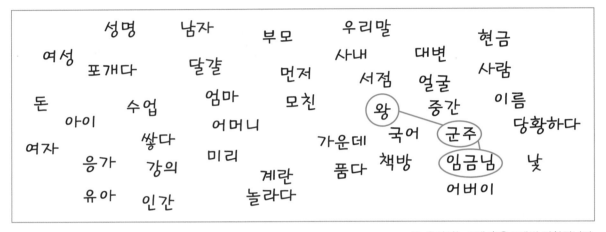

성명 남자 부모 우리말 현금

여성 포개다 달걀 먼저 사내 대변 사람

돈 수업 엄마 모친 서점 얼굴 이름

아이 쌓다 어머니 왕 중간 당황하다

여자 응가 강의 미리 가운데 국어 군주

유아 인간 계란 품다 책방 임금님 낮

놀라다 어버이

※ 유의어는 2개 혹은 3개씩 결합됩니다.

1. 왕 – 임금님 – 군주   2.

3.   4.

5.   6.

7.   8.

9.   10.

11.   12.

13.   14.

15.   16.

17.   18.

19.   20.

📝 다음 나열된 단어 중에서 유의어를 찾아 빈칸에 적어 봅시다.

해
채소 ――― 야채   태양   책   생선
피곤하다   노트   옷   이미   미장원
사랑   고단하다   선생   지방
싫다   과제   친구   게임
벌써   동무   공책   아주
애정   스승   숙제   물고기   닮다
흥미   자판
비슷하다   키보드   의복   오락   미용실
기름   밑다   도서   너무   관심

※ 유의어는 2개 혹은 3개씩 결합됩니다.

1. 채소 – 야채   2.

3.   4.

5.   6.

7.   8.

9.   10.

11.   12.

13.   14.

15.   16.

17.   18.

19.   20.

13차시 ▶ 유의어 응용하기

📖 **학습 목표** • 유의어의 의미를 알고 새로운 유의어를 학습한다.

메모리 게임

✍ 서로 비슷한 뜻을 가지고 있는 단어를 유의어라고 해요. 단어카드를 소리 내어 읽으며 유의어를 배워 봅시다. 그런 다음, 부록 6~9쪽의 카드를 활용하여 메모리 게임을 해 보세요.

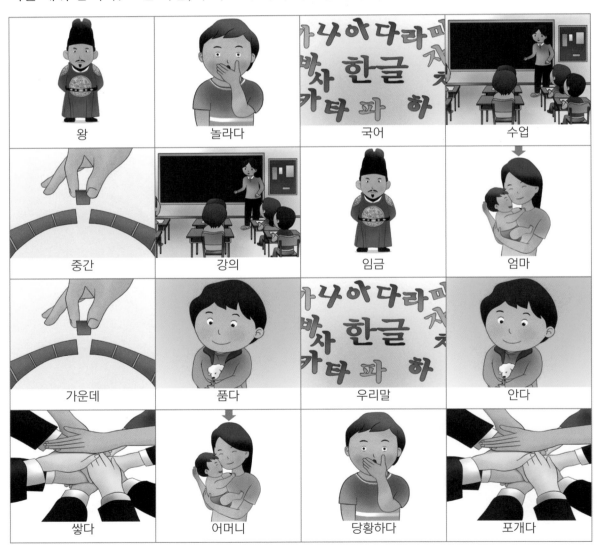

왕	놀라다	국어	수업
중간	강의	임금	엄마
가운데	품다	우리말	안다
쌓다	어머니	당황하다	포개다

🌐 **TIP** 메모리 게임 방법: 학생은 자신이 선택한 카드를 한 번에 한 개씩 열어 볼 수 있고, 같은 그림을 찾아야 합니다. 학생이 정답을 맞히면 선생님께서는 유의어를 읽고 그 의미가 동일함을 설명해 주세요.

✍ 앞에서 찾은 단어들을 직접 적어 보고, 다른 유의어가 더 있는지 생각해 봅시다.

1.
왕 ----------------- -----------------

2.
엄마 ----------------- -----------------

3.
국어 ----------------- -----------------

4.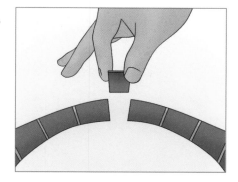
중간 ----------------- -----------------

5.

수업 - - - - - - - - - - - -   - - - - - - - - - - - -

6.

놀라다 - - - - - - - - - - - -   - - - - - - - - - - - -

7.

안다 - - - - - - - - - - - -   - - - - - - - - - - - -

8.

쌓다 - - - - - - - - - - - -   - - - - - - - - - - - -

14차시 반의어란?

📖 **학습 목표** · 반의어의 개념을 학습한다.
· 우리 주변에서 쉽게 접할 수 있는 반의어를 안다.

점검해 봅시다!			
공격	☐	덥다	☐
등장	☐	맑다	☐
방어	☐	가볍다	☐
뜨겁다	☐	슬프다	☐
빠르다	☐	흐리다	☐
부족하다	☐	게으르다	☐
좋아하다	☐	쓰러지다	☐

반의어란 서로 반대의 뜻을 가지고 있는 단어를 말해요. 아래 가족사진을 한 번 볼까요? 할아버지, 할머니, 아빠, 엄마 그리고 두 남매가 보이지요. 가족들은 남자들과 여자들이네요. 남자와 여자는 성별이 다른 반대의 뜻입니다. 사람이라는 공통점이 있지만 서로 반대의 의미를 지니고 있죠. 이렇게 보면 할아버지와 할머니, 엄마와 아빠도 반대의 의미니까 반의어 관계라고 볼 수 있어요.

이번 차시에서는 공통점이 있으면서도 동시에 하나의 차이점이 있는 단어인 반의어를 알아볼 거예요. 자, 모두 준비됐나요?

할머니, 할아버지도 성별이 다르지.

우리는 반의어 관계!

엄마와 아빠는 너희들의 부모이지만 성별이 다르단다.

반의어 알아보기

✏️ 다음 단어 중에서 뜻이 반대되는 단어를 보기에서 골라 써 보세요.

───────── 〈보기〉 ─────────

나쁘다	깊다	낮다	살다	시골	얕다
어둡다	오다	적다	좋다	죽다	학생

1.

가다

2.

높다

3.

도시

4.

많다

5.

밝다

6.

선생님

반의어 찾아보기

다음 단어 중에서 반대되는 단어끼리 짝을 지어 ○표 해 보세요.

1.
| 사다 |
| 이기다 |
| 지다 |

2.

| 맑다 |
| 받다 |
| 흐리다 |

3.
| 녹다 |
| 닫다 |
| 열다 |

4.

| 나쁘다 |
| 모르다 |
| 좋다 |

5.

| 같다 |
| 다르다 |
| 알다 |

6.

| 쉽다 |
| 싸다 |
| 어렵다 |

15차시 ▶ 반의어 익히기

📖 **학습 목표** • 반의어의 의미를 안다.
• 생활 속에서 쉽게 접하고 자주 사용하는 단어의 반의어를 학습한다.

반의어 연결해 보기

📝 반의어는 서로 반대의 뜻을 가지고 있는 단어를 말해요. 왼쪽에 있는 그림 및 단어와 반대의
뜻을 가지고 있는 그림을 찾아 연결하고 빈칸을 채우세요.

1.  여자 •   •  ----------

2.  좋아하다 •   •  ----------

3.  뜨겁다 •   •  ----------

4.  남다 •   •  ----------

5. 타다 •   •  ----------

6.  등장 •   •  ----------

7.  공격 •   •  ----------

👆 학습한 반의어를 활용하여 아래 문장들을 완성해 봅시다.

1.
보통 [   ] 아이들의 머리는 길지만, [   ] 아이들의 머리는 짧아요.

2.
내가 [   ] 음식은 많이 먹을 수 있지만, 배가 너무 부를 때는 먹기가 [   ].

3.
날이 더운 여름에는 [   ] 음료수보다 [   ] 음료수가 더 잘 팔립니다.

4.
단비는 준비물을 사고 [   ] 돈으로 장난감을 사고 싶었지만, 돈이 [   ] 살 수가 없었다.

5.
버스에 [   ] 때에는 버스가 완전히 멈출 때까지 기다려야 합니다. 그리고 버스에서 [   ] 때에는 뒤에서 오토바이가 오지 않는지 주변을 확인해야 합니다.

6.

공연이 시작되고 주인공이 무대에 [   ] 했습니다.
사람들은 멋진 주인공이 [   ] 하지 않고 계속 무대에서
공연하기를 원했습니다.

7.

지형이는 상대편의 [   ] 을 [   ] 하지 못해서
태권도 경기에서 패배하고 말았습니다.

💬 TIP 학생이 문장에 맞는 품사를 선택하여 글을 완성할 수 있도록 천천히 지도해 주세요.

📖 반대의 뜻을 가진 반의어와 관련된 문제를 풀어 봅시다. 연습문제

1. 반대말끼리 짝지어진 것은 무엇입니까?
  ① 받다 - 가지다   ② 부르다 - 따르다
  ③ 고르다 - 나누다   ④ 등장하다 - 사라지다
  ⑤ 이해하다 - 중요하다

2. 반대말끼리 짝지은 것으로 옳지 <u>않은</u> 것은 무엇입니까?
  ① 쉽다 - 어렵다   ② 떼다 - 붙이다
  ③ 접다 - 펼치다   ④ 만나다 - 헤어지다
  ⑤ 쳐다보다 - 바라보다

3. '묻다 - 답하다'와 같은 관계로 짝지어진 것은 무엇입니까?
  ① 얻다 - 닫다   ② 뜨다 - 들리다
  ③ 훔치다 - 빌리다   ④ 지나가다 - 돌아가다
  ⑤ 쓰러지다 - 일어서다

16차시 ▶ 반의어 다지기

📖 **학습 목표** • 앞서 배운 특정 단어의 반의어를 다시 한 번 반복하여 개념을 이해한다.

반의어 복습하기

 다음 그림에서 화살표가 나타내는 단어가 무엇인지 써 보고 그 단어의 반의어를 찾아 ○표 해 보세요.

1.

하	이	슬	은	여
음	들	다	프	라
지	문	련	경	다
소	만	향	주	유
만	기	훈	환	영

2.

벌	응	는	반	모
두	세	모	고	상
어	참	지	자	든
다	르	으	게	묵
임	길	직	아	움

3.

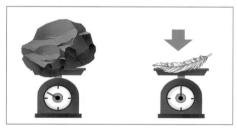

반	는	기	에	알
뢰	지	하	다	워
알	처	내	겁	어
신	가	는	무	안
두	리	려	의	날

4.

사	자	언	음	진
신	나	유	의	해
통	화	빠	어	대
하	람	르	과	이
주	는	다	를	루

○×퀴즈

👉 다음 물음을 읽고 맞는 것은 ○, 틀린 것은 ×로 선택해 보세요.

1. '오전'의 반의어는 '오후'이다.

2. '춥다'의 반의어는 '덥다'이다.

3. '열다'의 반의어는 '부족하다'이다.

4. '도시'의 반의어는 '방어'이다.

5. '선생님'의 반의어는 '학생'이다.

6. '많다'의 반의어는 '적다'이다.

17차시 ▶ 반의어 응용하기

📖 **학습 목표** • 학습한 반의어를 상기하며 어휘 놀이를 할 수 있다.

어휘놀이

🖋 아래 단어들의 반의어를 왼쪽 단어판에서 찾아 써 보세요.

1. 기쁘다	2. 객관식
3. 뜨겁다	4. 빠르다
5. 신랑	6. 찬성
7. 왕자	8. 출발

1. | 프 | 남 | 은 | 슬 | 내 | 다 | ➡ |

2. | 여 | 주 | 이 | 식 | 관 | 수 | ➡ |

3. | 단 | 다 | 갑 | 비 | 물 | 차 | ➡ |

4. | 리 | 장 | 느 | 그 | 오 | 다 | ➡ |

5. | 지 | 신 | 번 | 음 | 부 | 만 | ➡ |

6. | 대 | 바 | 야 | 반 | 토 | 하 | ➡ |

7. | 주 | 공 | 용 | 내 | 현 | 조 | ➡ |

8. | 동 | 구 | 도 | 화 | 어 | 착 | ➡ |

집으로 가는 길

🖊️ 아래 미로에서 서로 반대되는 뜻을 가진 단어를 연결해 따라가면 집에 무사히 도착할 수 있어요. 가장 빠른 길로 집에 가 봅시다.

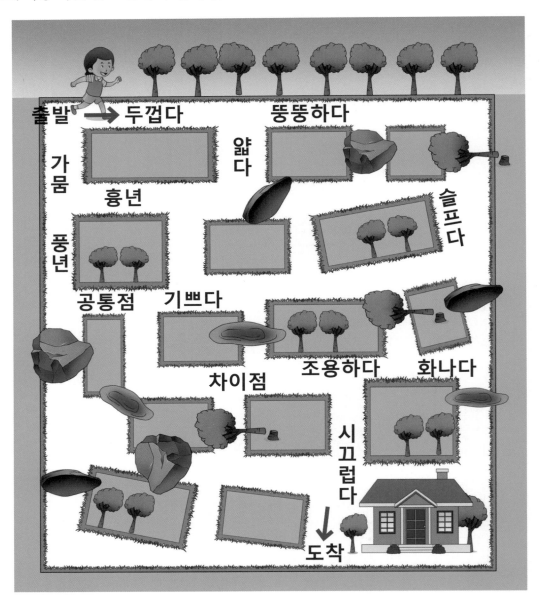

집으로 가는 길에 만난 단어를 순서대로 써 보세요.

18차시 ▶ 유의어·반의어 복습하기

📖 **학습 목표** • 학습한 유의어와 반의어를 활용하여 새로운 단어의 관계를 유추할 수 있다.

숨은 단어 찾기

🖋 〈보기〉 단어들의 유의어 또는 반의어를 찾고, 유의어는 분홍색으로 반의어는 노란색으로 색칠해 보세요.

─ 〈보기〉 ─

왕	국어	엄마	타다	뜨겁다	싫어하다
강의	남다	여자	퇴장	포개다	일어서다
공격	안다	중간	놀라다	바라보다	

남	퇴	품	머	황	국	갑	어	머	남	황	당
어	자	등	격	자	업	품	국	등	리	쳐	황
운	머	장	쳐	다	보	다	자	쌓	수	국	하
좋	쓰	쳐	남	리	쌓	리	방	부	족	하	다
족	러	황	가	퇴	등	머	품	어	수	종	운
머	지	업	품	운	족	자	내	쌓	다	업	격
내	다	격	국	좋	데	운	족	부	등	방	쌓
리	갑	쳐	자	어	갑	방	어	황	남	족	리
남	쌓	품	방	운	좋	격	머	쳐	갑	격	어
수	방	우	차	황	아	내	니	자	임	금	방
내	리	다	퇴	갑	하	쳐	국	수	부	업	좋
말	황	내	머	부	다	퇴	리	쌓	자	방	내

🔵 **TIP** 풀이 과정에서 학생이 〈보기〉에 제시된 단어의 유의어와 반의어를 모두 생각해 볼 수 있게 도와주세요.

✍ 아래 빈칸을 완성하세요.

유의어   반의어

유의어		반의어
붙들다	잡다	놓다
	뚫다	
	울다	
	자주	
	원인	
	개요	
	잇다	
	어렵다	
	공통점	
	떠오르다	

TIP 학생이 스스로 단어의 다양한 관계를 생각해 볼 수 있도록 지도해 주세요.

1차시 ▶ 동음이의어란?

- 동음이의어의 의미를 이해하고 다양한 종류의 동음이의어를 학습한다.
- 한 단어가 가진 서로 다른 뜻을 구별할 수 있다.

점검해 봅시다!			
깨다	☐	차다	☐
기사	☐	때	☐
현상	☐	면회	☐
이상	☐	기호	☐
해조물	☐	음성	☐
기사	☐	용맹	☐
포유류	☐	부위	☐

동음이의어의 개념을 알아봅시다! 소리는 같지만 전혀 다른 뜻을 가지고 있는 단어를 동음이의어라고 해요. 예를 들어 볼까요? 아래 그림을 보면 '배'라는 단어가 있는데요. '배'는 ① 과일의 한 종류, ② 사람 몸의 부위, ③ 물 위의 이동수단이라는 서로 다른 뜻을 가지고 있습니다. 이처럼 하나의 소리가 완전히 다른 뜻을 여러 개 가지고 있을 때 동음이의어라고 부릅니다. 이번 차시에서는 다양한 동음이의어에 대해서 알아볼까요?

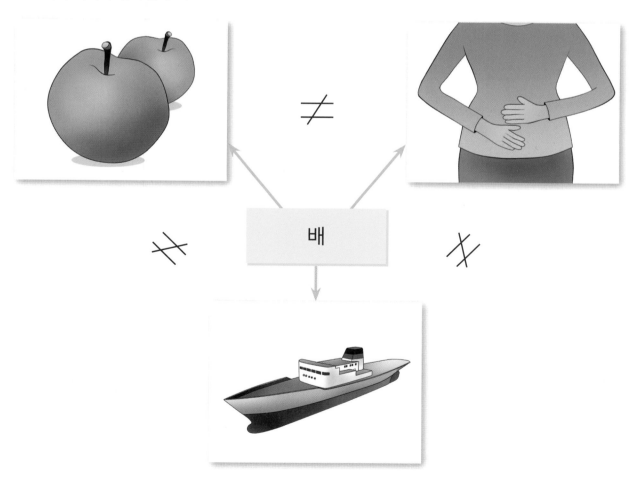

✍ 다음 동음이의어의 뜻을 읽어 보고 예시 글에 표현된 동음이의어가 어디에 속하는지 연결해 봅시다.

1.

눈

빛의 강약 및 파장을 받아들여 뇌에 시각을 전달하는 감각 기관

대기 중의 수증기가 찬 기운을 만나 얼어서 땅 위로 떨어지는 흰색 결정체

- 앞 좌석에 앉아 있는 사람과 **눈**이 마주쳤다.
- 흰 **눈**이 펑펑 내린다.
- **눈** 좀 똑바로 뜨고 다녀라!
- 어렸을 때 **눈**이 내리면 기분이 좋았다.
- 불빛에 **눈**이 부셔서 고개를 돌렸다.

2.

꿈

잠자는 동안 머릿속에서 일어나는 여러 정신현상

실현시키기를 원하는 이상이나 희망

- 어제 **꿈**을 꿔서 그런지 피곤하다.
- 내 **꿈**은 유명한 연예인이다.
- **꿈**은 크면 클수록 좋다.
- 어제 연예인이 되는 **꿈**을 꿨다.
- 수면 중에 **꿈**은 어떤 기능을 할까?

3.

김

액체 상태의 물질이 열을 받아서 기체 상태로 변한 것

홍조류에 속한 해조의 하나

- 짭짤한 **김**이 밥도둑이다.
- 갓 끓인 국에서 **김**이 피어오른다.
- 온도가 바뀌니 안경에 **김**이 서린다.
- **김**이 빠져서 맥주가 맛이 없다.
- 어머니가 **김**에 참기름칠을 하셨다.

4.

다리

사람이나 동물의 몸통에 붙어 받치거나 이동하는 기능을 하는 부분

물이나 협곡 따위의 장애물을 건너도록 두 지점을 연결한 구조물

- 모델의 **다리**가 굉장히 길다.
- 우리는 곧 **다리**를 건너게 됩니다.
- **다리**를 짓느라 많은 비용이 들었다고 한다.
- 깊은 태클에 **다리**에 부상을 입었다.
- 원주민들이 나무로 **다리**를 만들었다.

5.

깨다

벗어나 정신이 맑은 상태가 되다.

1. 조각이 나게 부수다.
2. 철저하게 부인하여 그 유효성이나 영향력을 없는 상태로 만들다.

- 술에서 **깨니** 굉장히 고통스럽다.
- 실수로 유리창을 **깼다**.
- 새벽에 잠을 **깨서** 하루종일 피곤하다.
- 좀 이따가 나 좀 **깨워** 줘.
- 상식을 **깨는** 생각들을 하자.

2차시 ▶

동음이의어 배우기

📖 **학습 목표** • 동음이의어를 이해한다. 단어의 다양한 뜻을 활용하여 문장을 완성할 수 있다.

동음이의어 써 보기

✒️ 소리는 같지만 전혀 다른 뜻을 가지고 있는 단어를 동음이의어라고 해요. 제시된 두 개의 그림 중 ①번에서 설명하는 그림에 동그라미를 치고, ①번의 빈칸에 적절한 단어를 〈보기〉에서 찾아 쓰세요. 그런 다음, 동그라미 치지 않은 그림을 설명하는 글을 ②번에 쓰세요.

┌─────────────────────── 〈보기〉 ───────────────────────┐

키	지다	낫다	부인
부자	대신	거리	자리

└──┘

1.

사람이나 사물의 높이

배의 방향을 조정하는 것

① 선장은 빙산을 피하기 위해 배의 ___키___ (을)를 돌렸다.

② 나는 반에서 키가 제일 크다.

2.

사람이나 차가 다니는 길

떨어져 있는 두 곳 사이의 길이

① 학교에서 집까지의 _____ 가 너무 멀어 창민이는 대중교통을 이용한다.

② _____

3.

다른 사람의 책임을
떠맡아 하는 것

왕이 있는 나라에서
장관 직책을 맡은 사람

① 하루 종일 열심히 일한 부모님 ＿＿＿＿＿ 내가 저녁을 차렸다.

② ＿＿＿＿＿＿＿＿＿＿＿＿＿＿＿＿＿＿＿＿＿＿＿＿＿＿

4.

다른 사람의 아내를
높여 부르는 말

어떤 사실을 인정하지 않고
아니라고 주장하는 것

① 범인은 확실한 증거가 있었음에도 사실을 ＿＿＿＿＿ 하였다.

② ＿＿＿＿＿＿＿＿＿＿＿＿＿＿＿＿＿＿＿＿＿＿＿＿＿＿

5.

아버지와 아들

재산이 많은 사람

① 우리 ＿＿＿＿＿ 는 똑같은 취미와 입맛을 가졌다.

② ＿＿＿＿＿＿＿＿＿＿＿＿＿＿＿＿＿＿＿＿＿＿＿＿＿＿

6.

사람이 앉기 편하게 만든 것

앉거나 누울 때 바닥에 까는 깔개

① 따뜻한 봄이 되자, 사람들은 강가에 나와 _____를 깔고 소풍을 즐겼다.

② _____

7.

물건을 나르기 위해 등에 얹다.

경기나 싸움에서 이기지 못하다.

① 나무꾼은 매일 아침 지게를 _____ 산에 오른다.

② _____

8.

무엇이 다른 비교의 대상보다
더 좋다.

병이나 상처가 치료되다.

① 다이어트를 하기 위해서는 밥을 먹지 않는 것보다 운동을 하는 것이 더 _____.

② _____

TIP 학생이 문장에 맞는 품사를 선택하여 글을 완성하는지 확인해 주시고, 가능하다면 다른 뜻을 활용하여 문장을 만들어 보는 연습도 해 주세요.

3차시 ▶

동음이의어 익히기

📖 **학습 목표** • 동음이의어가 가진 서로 다른 의미를 구별할 수 있다.

동음이의어 찾아보기

✒ 다음 밑줄 친 단어 중 문맥상 다른 의미를 가진 단어에 ◯표 해 보세요.

1.
> "얘, **말** 같은 소리를 하렴."
> "**말**하는 대로 이루어질 수 있습니다."
> "그의 얼굴은 **말**처럼 생겼다."
> "아무리 **말**해도 이해하지를 못하니?"
> "그녀는 **말**을 정말 빠르게 한다."

2.
> "아침을 안 먹었더니 **배**가 고프다."
> "허기를 달래기 위해 **배**를 먹었다."
> "**배**탈이 나서 한동안 누워 있었다."
> "**배**가 나와서 고민이다."
> "할머니가 **배**를 쓰다듬어 주셨다."

3.
> "공터에 **차**를 주차하고 왔다."
> "자동**차**가 많아 매연이 많다."
> "**차**를 타고 다니니 출근이 편하군."
> "아버지께서 등굣길에 **차**를 태워 주셨다."
> "**차** 한잔 하실래요?"

4.
> "내 아버지는 택시**기사**였다."
> "이리 와서 신문**기사** 좀 읽어 봐."
> "그는 잡지**기사**를 찬찬히 훑어 보았다."
> "**기사**가 잘못 인쇄되어 있다."
> "이 소재로 **기사**를 하나 써 보도록."

5.
> "오래 걸었더니 **다리**가 아프다."
> "그는 **다리**를 절뚝이고 있었다."
> "긴 **다리** 때문에 키다리라고 불렸다."
> "운동을 했는지 **다리**가 굵다."
> "이게 서울에서 가장 긴 **다리**다."

6.
> "컴퓨터를 오래 했더니 **눈**이 아프다."
> "이번 크리스마스에는 **눈**이 올까?"
> "함박**눈**이 펑펑 내린다."
> "**눈**이 녹으면 무엇이 되나요?"
> "유근이가 던진 **눈**에 맞아 아프다."

🖋 소리는 같으나 전혀 다른 뜻을 가진 동음이의어와 관련된 문제를 풀어 봅시다.

1. 아래의 문장에서 밑줄 친 것과 같은 뜻으로 쓰인 문장은 무엇입니까?

> 〈보기〉
> 철수는 위험에 처한 고양이를 <u>구했다</u>.

① 소방관은 사람들의 생명을 <u>구했다</u>.

② 옆집 아저씨는 일자리를 <u>구했다</u>.

③ 모르는 문제를 풀기위해 친구의 도움을 <u>구했다</u>.

④ 선생님은 무거운 짐을 나눠 들어 줄 학생을 <u>구했다</u>.

⑤ 희진이는 포스터를 만들기 위해 필요한 준비물을 <u>구했다</u>.

2. 다음 ( ) 에 들어갈 '말'의 뜻을 순서대로 늘어놓은 것은 무엇입니까?

> 〈보기〉
> • 고운 ( )과 바른 ( )을 쓰자.
> • ( ) 두 마리를 키운 적이 있어.
> • 상대방의 ( )을 모두 잡으면 이기는 게임이야.

> ㉠ 말과의 포유류. 네 다리와 목, 얼굴이 길고 꼬리는 긴 털로 덮여있다.
> ㉡ 놀이 따위를 할 때 말판에서 정해진 규칙에 따라 옮기는 패
> ㉢ 사람의 생각이나 느낌 따위를 표현하고 전달하는 음성기호

① ㉠ – ㉢ – ㉡   ② ㉡ – ㉠ – ㉢   ③ ㉡ – ㉢ – ㉠

④ ㉢ – ㉠ – ㉡   ⑤ ㉢ – ㉡ – ㉠

3. 다음은 동음이의어에 대한 설명입니다. 빈칸에 들어갈 말을 고르세요.

> 〈보기〉
> 동음이의어는 (㉠)가 같지만 의미가 서로 (㉡) 단어를 말한다.

	㉠	㉡
①	문자	비슷한
②	문자	다른
③	문자	같은
④	소리	비슷한
⑤	소리	다른

4차시 ▶ 동음이의어 다지기

📖 **학습 목표** ・동음이의어가 가지고 있는 서로 다른 의미를 글이나 그림으로 표현할 수 있다.

동음이의어 복습하기

👆 어휘와 예문을 읽고 동음이의어가 가진 뜻이 무엇인지 글이나 그림으로 표현해 봅시다.

1.

어휘	말	
뜻	(예시) "사람이나 몇몇 동물이 의사소통을 하기 위해 음성 혹은 문자의 형식으로 표현하는 수단" !@#$%^&*	(예시) "네 다리와 목, 얼굴이 길고 목덜미에는 갈기가 있으며 꼬리는 긴 털로 덮여 있는 포유동물"
예문	말을 예쁘게 해야 한다.	말이 아주 사납고 용맹하다.
	말 한번으로 천냥 빚을 갚는다.	제주도에서 말을 타 보았다.

2.

어휘	때	
뜻		
예문	아직은 **때**가 되지 않았다.	온천에 몸을 담갔더니 **때**가 나온다.
	어린 시절은 내가 가장 행복했던 **때**다.	**때**밀이를 불러 일을 시켰다.

3.

어휘	기사	
뜻		
예문	옛날엔 **기사**라는 계급이 있었다.	이 **기사**를 꼭 읽어 보게.
	기사들은 말을 타고 다닌다.	**기사**에 믿기 힘든 내용이 있었다.

4.

어휘	차다	
뜻		
예문	잠잘 때 발로 **차지** 말아라.	이렇게 더울 땐 **찬**물을 마셔야지.
	축구공을 강하게 **차** 봐라.	아이스크림이 정말 **차다**.

5.

어휘	차	
뜻		
예문	그녀는 조용히 **차**를 마시고 있다.	그는 굉장히 비싼 자동**차**를 가지고 있다.
	홍**차**가 좋니? 녹**차**가 좋니?	**차**를 타고 면회를 갔다.

5차시

다의어란?

- 다의어의 개념을 학습한다.
- 우리 주변에서 쉽게 접할 수 있는 다의어에는 어떤 것이 있는 지 말할 수 있다.

점검해 봅시다!			
고개	☐	발	☐
가시	☐	손	☐
먹다	☐	가위	☐
고치다	☐	아침	☐
내리다	☐	가볍다	☐
모으다	☐	버리다	☐
빠지다	☐		

하나의 단어가 두 가지 이상의 뜻을 가지고 있는 것을 다의어라고 해요. 동음이의어와 다르게 이들은 서로 관련이 있답니다. 아래의 퍼즐에 나타난 '달'의 두 가지 의미를 보면, 첫 번째로 약 30일에 한 번씩 지구 주위를 도는 위성을 말해요. 그리고 일 년을 열둘로 나누었을 때 그중 하나를 '달'이라고 하지요. 단어가 가진 여러 의미 중 기본적이고 핵심적인 의미와 그 의미가 문맥에 따라 쓰임이 확장되어 다른 의미로 바뀐 것을 통틀어 다의어라고 해요.

이번 차시에서는 이제 우리 주변에서 흔히 볼 수 있는 다의어로는 어떤 것들이 있는지 한번 알아볼까요?

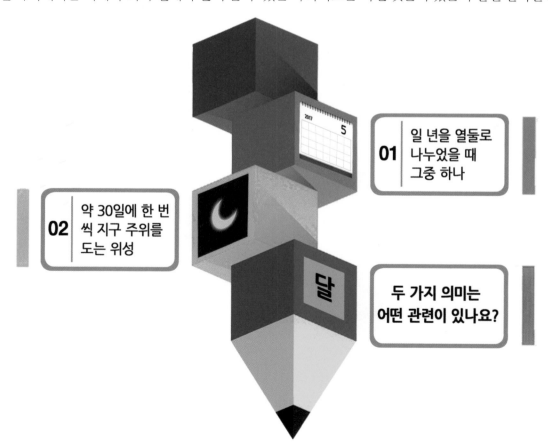

01 일 년을 열둘로 나누었을 때 그중 하나

02 약 30일에 한 번씩 지구 주위를 도는 위성

두 가지 의미는 어떤 관련이 있나요?

다의어 알아보기

✎ 다음 빈칸에 들어갈 알맞은 다의어를 써 보세요.

1. ☐ ☐

- 피곤한지 요즘 ☐ ☐ 가 뻣뻣하다.
- 그는 창밖으로 ☐ ☐ 를 내밀었다.
- 이 ☐ ☐ 만 넘으면 내리막길이다.

2. ☐

- 오빠가 배탈이 나서 ☐ 이 하나 줄었다.
- 그 사람은 ☐ 이 거칠다.
- 막내 ☐ 에 뭐가 묻었다.

3. ☐

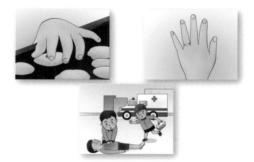

- 아이의 ☐ 이 안 닿는 곳에 두어라.
- 유진이는 ☐ 에 반지를 끼고 있었다.
- 구조 작업에는 ☐ 이 많이 필요하다.

4. ☐

- 휴지로 ☐ 를 닦아 냈다.
- 이렇게 하면 ☐ 가 오똑해질까?
- 앞 ☐ 가 뾰족한 구두는 발이 불편하다.

다의어 써 보기

☞ 다음 문장 뒤에 공통으로 들어갈 알맞은 단어를 써 보세요.

1.
□ □ □

편의점에서 라면을 _____.

나이를 한 살 더 _____.

마음을 단단히 _____.

2.
□ □ □

남자와 여자가 사랑에 _____.

고양이가 깊은 잠에 _____.

개구리가 우물에 _____.

3.
□ □ □

하루 종일 눈이 _____.

준수가 버스에서 _____.

밤새 열이 _____.

4.
□ □ □

틀린 글자를 바르게 _____.

고장 난 시계를 _____.

의사가 병을 _____.

6차시 ▶ 다의어 배우기

📖 **학습 목표** • 단어의 다양한 뜻을 알고 이를 활용하여 알맞은 문장을 만들 수 있다.

다의어 복습하기

✏️ 밑줄 친 단어의 뜻이 나머지와 다르게 사용된 것에 ○표 해 보세요.

1.

가위로 색종이를 오렸다.

친구들과 가위바위보를 했다.

짜장면을 가위로 잘라서 먹었다.

재단사가 옷감을 가위로 잘랐다.

2.

저 선수는 발이 참 빠르다.

엄마와 나는 발 모양이 닮았다.

선물 받은 신발이 발에 꼭 맞다.

무성한 잡초를 발로 모두 밟았다.

3.

민지는 머리를 흔들었다.

머리가 간지러워 긁었다.

머리가 아파서 약을 먹었다.

지수는 머리가 좋아서 공부를 잘한다.

4.

학교 가는 길에 동전을 주웠다.

고집이 센 그녀를 설득할 길이 없다.

지름길을 놔두고 다른 길로 돌아갔다.

길 가는 사람들이 모두 발걸음을 멈췄다.

5.

회사에서 일을 했다.

밤이 늦어서야 일을 마칠 것 같다.

집 안에 크고 작은 일이 있었다.

일이 고되어서 힘들다.

6.

어머니는 차례 때 쓸 생선을 사셨다.

다음은 은주 차례야.

빈칸에 들어갈 수를 차례로 쓰세요.

이번엔 누가 발표할 차례지?

다의어 짝 찾기

✍ 다음 다의어가 어떤 뜻으로 쓰였는지 번호를 써 보세요.

1.

모으다

① 한 곳에 집중하다.
② 여럿을 한데 합치다.
③ 관심이나 흥미를 끌다.
④ 재물을 쓰지 않고 쌓아 두다.

쓰레기를 한 곳에 **모아라**. ☐
정신을 다시 **모으고** 하던 공부를 계속했다. ☐
그 드라마는 작년에 화제를 **모았던** 작품이다. ☐
그분은 도자기를 **모으는 데** 인생을 바치셨다. ☐

2.

버리다

① 사람을 돌보지 않다.
② 쓰지 못하게 망치다.
③ 가족이나 고향을 떠나다.
④ 필요 없는 물건을 내던지다.

쓰레기는 휴지통에 **버려** 주세요. ☐
그는 늙은 부모를 **버린** 못된 자식이다. ☐
흙탕물이 튀어 새 옷을 **버리고** 말았다. ☐
동생은 고향을 **버리고** 타국으로 이민을 갔다. ☐

3.

가볍다

① 무게가 적게 나가다.
② 행동이 침착하지 못하다.
③ 책임 따위가 낮거나 적다.
④ 병이나 상처 따위가 그다지 심하지 않다.

가벼운 걸 네가 들어라. ☐
그는 **가벼운** 몸살 기운을 느꼈다. ☐
철이는 입이 **가벼워서** 비밀이 없다. ☐
아내는 **가벼운** 발걸음으로 남편을 따랐다. ☐

4.

마르다

① 살이 빠져 야위다.
② 물기가 다 날아가서 없어지다.
③ 입이나 목에 물기가 적어 갈증이 나다.
④ 강이나 우물 따위의 물이 줄어 없어지다.

날씨가 맑아 빨래가 잘 **마른다**. ☐
공부를 하느라 몸이 많이 **말랐다**. ☐
달리기를 했더니 목이 몹시 **마른다**. ☐
가뭄에 저수지가 **말라서** 바닥이 드러났다. ☐

132   읽기 나침반(어휘편)

7차시

다의어 익히기

📖 **학습 목표** • 다양한 표현 중에 나타나는 알맞은 다의어를 찾아 문장을 완성할 수 있다.

문장 완성하기

✒️ 빈칸에 공통으로 들어갈 단어를 보기에서 골라 써 보세요.

〈보기〉

| 깎다(깎아) | 넣다(넣어) | 맡다(맡아) |
| 볶다(볶아) | 잡다(잡아) | 쫓다(쫓아) |

1.

목수가 나무를		조각품을 만들었다.
값을 만 원이나		모자를 샀다.
머리를 짧게		인상이 환해졌다.

2.

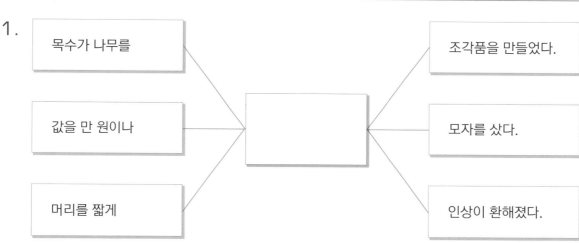

부모님께 허락을		배낭여행을 다녀왔다.
향수 냄새를		머리가 어지럽다.
6학년 담임을		졸업사진을 찍었다.

3.
통장에 돈을		현금이 없다.
대학에 원서를		시험을 보았다.
국에 간장을		간을 맞춘다.

4.
경찰이 범인을		수갑을 채웠다.
결혼식 날짜를		청첩장을 만들었다.
이제 마음을		열심히 살아야지.

5.
사냥꾼은 멧돼지를		산 속으로 들어갔다.
돌을 던져 새를		뛰어갔다.
달아나는 도둑을		창문을 깨트렸다.

밑줄 친 단어의 뜻이 같은 것끼리 선으로 이어 보세요.

형부는 **가시**를 발라 낸 도톰한 살코기를 조카의 밥 위에 올려 주었다.

누나의 푸념 속에는 동생을 원망하는 **가시**가 들어 있었다.

고슴도치 등에는 뾰족한 **가시**가 돋쳐 있다.

나는 준치는 **가시**가 많아서 별로 좋아하지 않는다.

그녀는 자주 **가시**가 돋친 말을 하여 사람 마음에 상처를 준다.

성게를 잘못 만졌다가는 뾰족뾰족 튀어나온 **가시**에 찔리기 십상이다.

쌀을 **얻을** 곳이 또 어디 없을까?

여행 중에 **얻은** 감기가 아직도 낫지 않았다.

그는 병을 **얻어** 시름시름 앓더니 덜컥 죽고 말았다.

김 노인은 늘그막에 자식을 **얻더니** 얼굴에 웃음이 끊이지 않는다.

어머니는 예의 바른 사람을 며느리로 **얻고** 싶어 하셨다.

부엌에서 쓸 도마 하나를 이웃집에서 **얻었다**.

두 개 이상의 뜻을 가진 다의어와 관련된 문제를 풀어 봅시다.

1. 다음 문장의 밑줄 친 ㉠의 의미와 같은 것은 어느 것입니까?

> 예지는 눈덩이를 ㉠ 굴려 눈사람을 만들었다.

① 귀중한 물건을 함부로 굴려서는 안 된다.

② 남자아이들이 굴렁쇠를 굴리며 놀고 있었다.

③ 머리끈을 아무데나 굴려서 찾을 수가 없었다.

④ 성민이는 머리를 굴려 위기를 벗어날 수 있었다.

⑤ 공부한 것이 떠오르지 않아 열심히 생각을 굴렸다.

2. 다음 ( ) 에 들어갈 '머리'의 뜻을 순서대로 늘어놓은 것은 무엇입니까?

- 민정이의 ( )는 매우 길다
- 성진이의 ( )는 매우 좋다.
- 세영이는 신나는 노래에 맞춰 ( )를 흔들었다.

〈보기〉
㉠ 목 윗부분
㉡ 머리털
㉢ 생각하고 판단하는 능력

① ㉠ – ㉡ – ㉢　　　　　② ㉠ – ㉢ – ㉡　　　　　③ ㉡ – ㉠ – ㉢

④ ㉡ – ㉢ – ㉠　　　　　⑤ ㉢ – ㉠ – ㉡

8차시 ▶ 다의어 다지기

📖 학습 목표 • 다의어를 이해한다. 단어의 다양한 뜻을 활용하여 문장을 완성할 수 있다.

다의어 놀이

☞ '달'의 두 가지 의미를 보면, 약 30일이라는 것과 관련이 있어요. 약 30일에 한 번씩 지구 주위를 도는 위성을 기준으로 일 년을 열두 개의 달로 나눈 것도 관련이 있답니다. 이처럼 각 다의어의 다양한 의미를 찾아보고 10쪽의 부록 스티커를 활용하여 아래 그림을 완성해 봅시다.

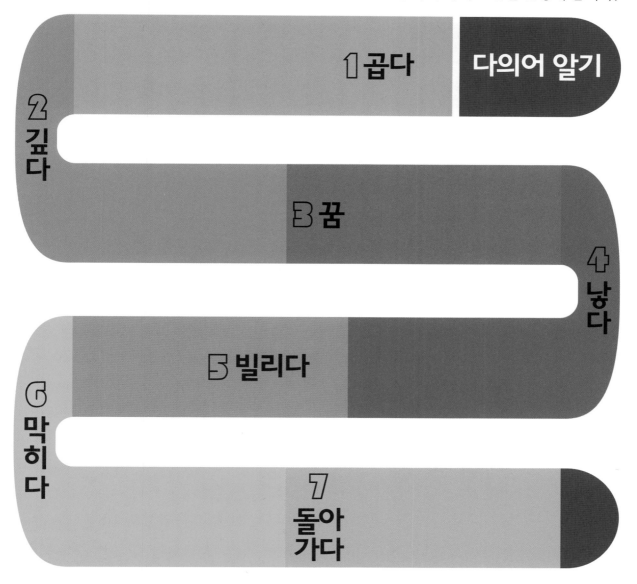

다의어 알기
1곱다
2깊다
3꿈
4낳다
5빌리다
6막히다
7돌아가다

✏️ 학습한 단어의 다양한 의미에 맞는 예문을 만들어 봅시다.

1. 곱다

고운 마음씨를 가진 희윤이는 불쌍한 사람을 그냥 지나치지 못한다.

명절을 맞이하여 새로 산 한복이 매우 곱다.

2. 깊다

----

3. 꿈

----

4. 낳다

5. 빌리다

6. 막히다

7. 돌아가다

9차시 ▶ 동음이의어·다의어 구별하기

📖 **학습 목표** • 동음이의어와 다의어를 구분할 수 있다. 사전을 활용하여 단어의 다양한 의미를 찾을 수 있다.

동음이의어와 다의어

📕 동음이의어와 다의어를 구분하는 방법을 잘 이해하고 있는지 확인해 봅시다. 알맞은 단어를 골라 문장을 완성하세요.

하나의 단어가 서로 관련 있는 다양한 의미를 가지고 있는 것은
(동음이의어 / 다의어) 이다.

소리는 같지만 서로 전혀 다른 의미를 가지고 있는 단어는
(동음이의어 / 다의어) 이다.

📕 우리가 배운 방법 이외에도 동음이의어와 다의어를 구분할 수 있는 방법이 있습니다. 그것은 바로 사전을 활용하는 것입니다.

서로 전혀 다른 의미를 가지고 있는 동음이의어는 사전에서도 그 의미가 따로 제시되고 있는 것을 알 수 있어요.

*밤[때]뎽 해가 져서 어두워진 때부터 다음 날 해가 뜨기 전까지의 캄캄한 때. 예밤 열 시. 빨낮.　◎ night.
밤[열매][밤:]뎽 가시가 난 껍질 속에 두세 개 씩 들어 있는, 단단한 갈색의 열매. 하얀 속살이 맛이 좋다.

반면

*아침뎽 1. 날이 새는 때부터 하루의 일이 시 작되는 무렵까지의 시간. 예나는 아침 일 찍 일어나는 편이다. ◎ morning. 2.'아 침밥'의 준말. 예민수는 아침을 먹고 형 과 함께 놀이터로 나갔다. 2비조반·조식. 빨저녁.

하나의 단어가 서로 관련된 다양한 의미를 가지고 있는 경우에는 같이 제시 되고 있답니다.

☞ 자! 그럼 이제 사전을 활용하여 동음이의어와 다의어를 구분해 볼까요? 각 단어를 찾아 두 가지 뜻을 적고, 해당하는 단어의 관계를 선택하여 색칠하세요.

1. 개 (1) ....

   (2) ....

   (동음이의어)　　　　　　　　　　(다의어)

2. 흐름 (1) ....

   (2) ....

   (동음이의어)　　　　　　　　　　(다의어)

3. 등 (1) ....

   (2) ....

   (동음이의어)　　　　　　　　　　(다의어)

4. 띄다 (1) _____

(2) _____

(동음이의어)　　　　　　(다의어)

5. 내다 (1) _____

(2) _____

(동음이의어)　　　　　　(다의어)

6. 덮다 (1) _____

(2) _____

(동음이의어)　　　　　　(다의어)

7. 끌다 (1) _____

(2) _____

(동음이의어)　　　　　　(다의어)

10차시

직유법이란?

📖 **학습 목표**
- 직유법의 개념에 대해 학습한다.
- 두 대상의 공통점을 알고, 적절한 대상에 빗대어 표현할 수 있다.
- 다양한 대상(보조관념)을 활용하여 표현할 수 있다.

점검해 봅시다!			
번개	☐	구름	☐
치타	☐	솜사탕	☐
수업	☐	포도송이	☐
전등	☐	마을	☐
발표	☐	풀잎	☐
꾀꼬리	☐	호수	☐
목소리	☐	미소	☐
반딧불이	☐	햇살	☐
태양	☐		

여러분은 누군가에게 어떤 이야기를 할 때, 더욱 재미있고 생동감 있게 내용을 전달하기 위해서 어떠한 표현을 사용하나요? 예를 들어, 시간이 빨리 흘러가 버려 아쉬운 마음을 생생하게 강조하여 전달하고 싶다면, '시간이 흘러간다'라는 표현보다 '시간이 화살처럼 빠르게 흘러간다'라고 표현할 수 있어요. '시간'을 '화살'에 빗대서 표현하면, 전의 문장보다 훨씬 쉽게 상상할 수 있고 생생한 느낌이 들어요.

이처럼 어떤 대상을 다른 대상에 빗대어 표현하여 생동감을 더해 주는 방법을 직유법이라고 해요. '~같이, ~같은, ~처럼, ~듯이'라는 표현을 사용하며, 이때 두 대상은 반드시 서로 공통점을 가져야 해요. 예를 들어, '쟁반같이 둥근 달'이라는 직유법 표현에서 '쟁반'과 '달'은 '둥근' 모양의 공통점을 가지고 있어요.

앞으로 친구들과 대화를 나누거나 이야기를 전달해 줄 때, 직유법을 사용하여 훨씬 더 재미있고 생동감 넘치는 대화를 나누어 보도록 해요.

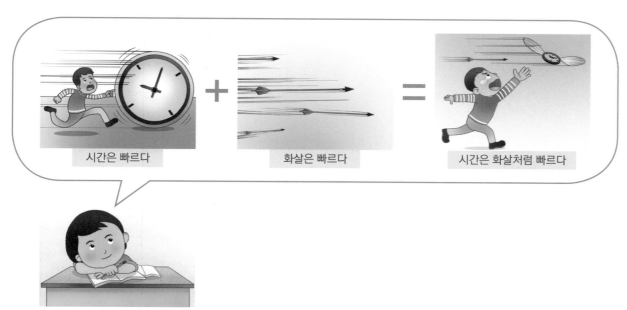

시간은 빠르다 + 화살은 빠르다 = 시간은 화살처럼 빠르다

'~같이, ~처럼, ~듯이' 라는 표현에 밑줄을 긋고 두 개의 대상에 ○표 한 후, 이를 나타내는
그림에 선을 그어 봅시다.

번개 처럼 빠른
치타

수업이 끝나자
바람처럼 사라진
학생들

전등같이 환한
수영이의 웃음

물 흐르듯이
부드러운 민수의
발표

✒️ 앞에서 살펴본 직유법 표현처럼 하나의 대상과 빗대어 표현한 대상을 빈칸에 적절하게 써 봅시다.

1.

☐ ☐ 처럼 빠른 ☐ ☐

2.

수업이 끝나자 ☐ ☐ 처럼 사라진 ☐ ☐ ☐

3.

☐ ☐ 같이 환한 ☐ ☐

4.

☐ 흐르듯이 부드러운 ☐ ☐

직유법 배우기

11차시

📖 **학습 목표** • 직유법에서 두 대상의 공통점을 알고, 적절한 대상에 빗대어 표현할 수 있다.

직유법 복습하기

📖 다음 그림에서 두 대상이 가지는 공통점을 생각하여 써 봅시다.

1.

꾀꼬리 / 목소리

공통점 맑다

2.

별 / 반딧불이

공통점

3.

태양 / 불

공통점

4.

앵두 / 입술

공통점

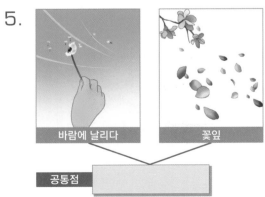

5.

바람에 날리다 / 꽃잎

공통점

6.

비가 내리다 / 눈물

공통점

직유법 만들어 보기

✏️ 앞의 활동에서 찾은 두 대상 간의 공통점과 직유법 표현('~처럼, ~같이, ~듯이')을 활용하여, 다음의 빈칸을 채워 봅시다.

~처럼	~같이	~듯이

	직유법 표현	공통점	
1.	처럼	맑은	
2.			
3.			
4.			
5.			
6.			

12차시 ▶

직유법 익히기

📖 **학습 목표** • 다양한 대상(보조관념)을 활용하여 직유법을 표현할 수 있다.

직유법 써 보기

👆 다음 〈보기〉에서 알맞은 단어를 찾아 빈칸을 채워 보세요.

───── 〈보기〉 ─────

아기	하늘	태양	쟁반	구름	마을
달	포도	솜사탕	강아지	얼굴	호수

1.     =

☐ 같이 부드러운 ☐

2.      =

☐ 처럼 모여 있는 ☐

3.

같이 귀여운

4.

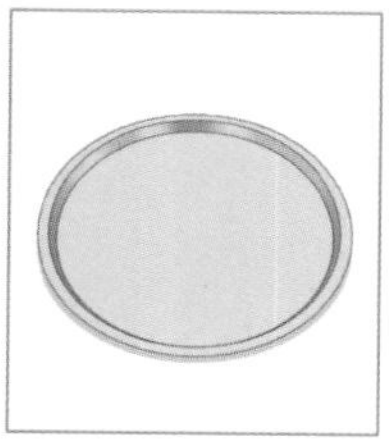

같이 둥근

5.

같이 맑은

6.

처럼 환한

◑ 다음은 직유법 표현들입니다. 빈칸에 들어갈 만한 단어들을 생각해서 써 보세요.

1.	처럼 시끄러운	울음소리
2.	같이 하얀	눈
3.	처럼 가벼운	몸
4.	같이 차가운	바람
5. 고목나무	처럼 거칠거칠한	
6. 번개	같이 빠른	

◑ 직유법과 관련된 문제를 풀어 봅시다.

1. 다음 중 문화재를 비유적으로 표현한 문장은 무엇입니까?

> ㉠ 문화재는 귀하다.   ㉡ 다양한 문화재가 있다.
> ㉢ 훼손된 문화재를 복원하였다.   ㉣ 우리나라는 세계적인 문화재를 가지고 있다.
> ㉤ 문화재는 보물처럼 소중히 다루어져야 한다.

① ㉠   ② ㉡   ③ ㉢
④ ㉣   ⑤ ㉤

2. 규민이의 표정을 비유적으로 표현한 단어는 무엇입니까?

> 자신의 발표 차례가 다가오자 긴장한 규민이의 얼굴은 점차 바위처럼 굳어졌다.

① 발표   ② 차례   ③ 긴장한
④ 얼굴   ⑤ 바위

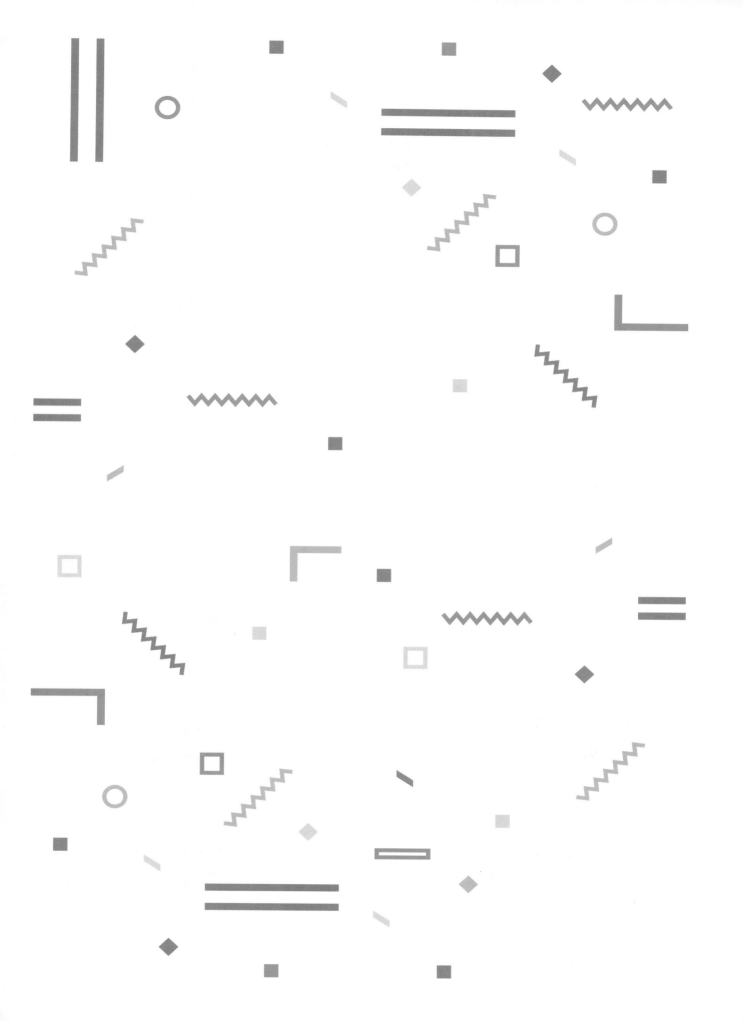

13차시 ▶ 직유법 다지기

📖 **학습 목표** • 직유법을 이해하고 문장을 쓸 수 있다.

오감 브레인스토밍

🖋 주제어와 감각을 가지고 브레인스토밍을 해 보고, 자신의 생각을 '～처럼' '～같이' '～같은' '～듯이'의 형태로 골고루 표현해 봅시다.

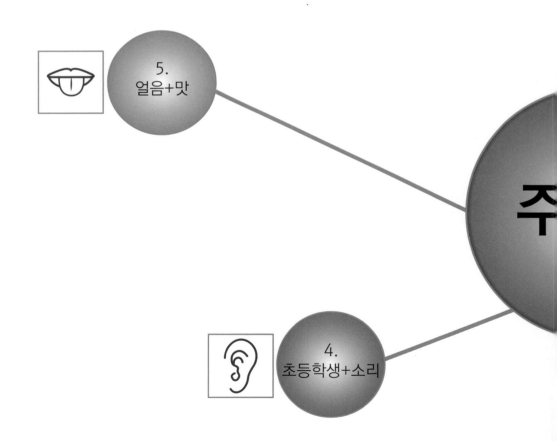

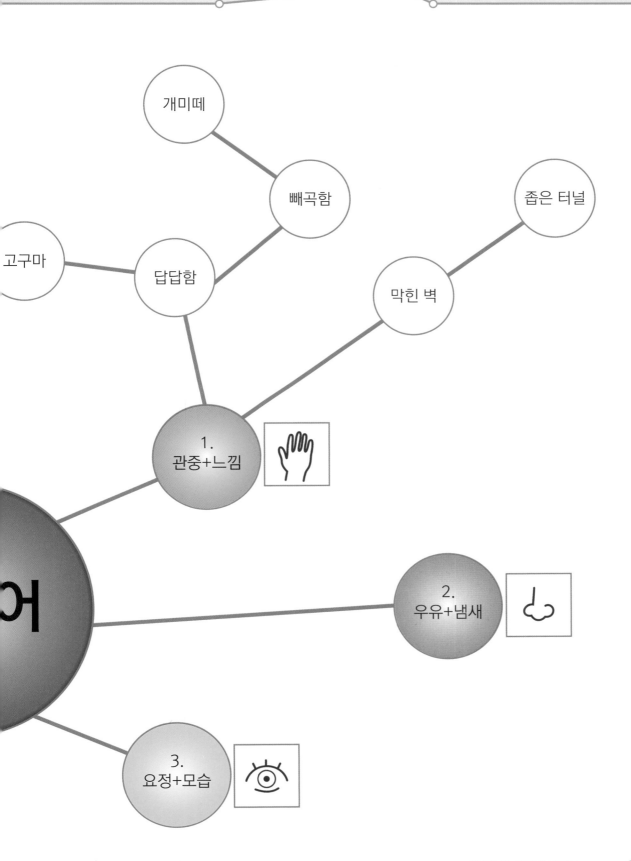

개미떼

빼곡함

좁은 터널

고구마

답답함

막힌 벽

1.
관중+느낌

어

2.
우유+냄새

3.
요정+모습

1. 관중+느낌

(1) 빼곡한 관중 사이를 지나는 것은 막힌 벽을 뚫는 것**처럼** 힘들었다.

(2) 개미떼 **같이** 빼곡히 모인 관중 속을 지나는 것은 어려운 일이다.

(3) 관중 사이를 지나는 것은 고구마를 먹는 **듯이** 답답했다.

(4) 관중 사이를 지날 때 좁은 터널을 지나는 것 **같은** 느낌을 받았다.

2. 우유+냄새

(1)

(2)

(3)

(4)

3. 요정+모습

(1)

(2)

(3)

(4)

4. 초등학생+소리 (1) --

(2) --

(3) --

(4) --

5. 얼음+맛 (1) --

(2) --

(3) --

(4) --

TIP 학생이 주제어와 감각을 통합하여 최대한 창의적이고 다양한 어휘 및 표현을 생각할 수 있도록 지원해 주시고, 자신이 적은 어휘를 사용하여 각각의 비유 문장을 적을 수 있도록 지도해 주세요.

14차시 ▶ 은유법이란?

📖 **학습 목표**
• 은유법의 개념을 학습한다.
• 은유법의 특징인 숨겨진 공통점을 찾을 수 있다.

점검해 봅시다!			
호수	☐	촛불	☐
마음	☐	나그네	☐
백과사전	☐	낙엽	☐
동반자	☐	초원	☐
무지개	☐	천사	☐
이불	☐	호랑이	☐
호수	☐	별	☐

시 중에 〈내 마음은〉이라는 시가 있어요. 이 시에서는 '내 마음은 호수요.'라고 하는데요 이 문장을 보고 어떤 생각이 들었나요? '마음이 호수와 같이 넓은가? 마음이 호수와 같이 깨끗한가?'라는 생각이 들지는 않았나요? 아니면 도대체 무슨 의미인지 갸우뚱거리기도 했나요?

'~은(는) ~이다.' 라는 표현 형태를 은유법이라고 해요. 은유법을 사용하면 직접적으로 드러나지는 않지만 두 단어 간에 공통점을 나타낼 수 있어요. 또한 은유법을 사용하면 좀 더 생생하게 표현을 전달할 수 있고, 쉽게 상상할 수도 있어요. 그렇지만 '호수 같은 내 마음'이라고 할 때보다 이해하려면 좀 더 생각해야 하기 때문에 의미가 바로 와 닿지 않을 수도 있어요.

그래서 은유법을 사용하면 '왜 이렇게 표현했지?' 하고 한 번 더 생각해 봐야하기도 한답니다.

은유법을 적절히 사용하면 멋진 시를 짓기도 쉬워져요! 그러면 우리 한 번 은유법에 대해서 자세히 알아보도록 할까요?

호수는 넓으니까 마음도 넓을 것 같아!
호수는 깨끗하니까 마음도 순수할 것 같아!

✍️ 다음 두 단어를 보고, 공통점을 찾아서 연결해 보세요.

컴퓨터 / 백과사전

스마트폰 / 친구

춤 / 무지개

음악 / 이불

 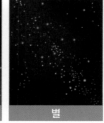

반딧불 / 별

반짝반짝
빛난다.

다양하게
표현된다.

편안하게
해 준다.

많은 것을
알고 있다.

많은 시간을
함께 한다.

은유법 써 보기

✏️ 다음 ○ 안에 은유법 표현(~은[는] ~이다.)을 적어 보고, 이를 바탕으로 ➡에는 두 사물의 공통점을 활용하여 은유법 문장을 완성해 봅시다. 마지막 문항은 스스로 은유법 문장을 생각하여 완성해 봅시다.

1.

   컴퓨터   는   백과사전   이다.

   ➡ 컴퓨터는 백과사전이다.
      왜냐하면 많은 것을 알고 있기 때문이다.

2.

   스마트폰   친구

   ➡

3.

   춤   무지개

   ➡

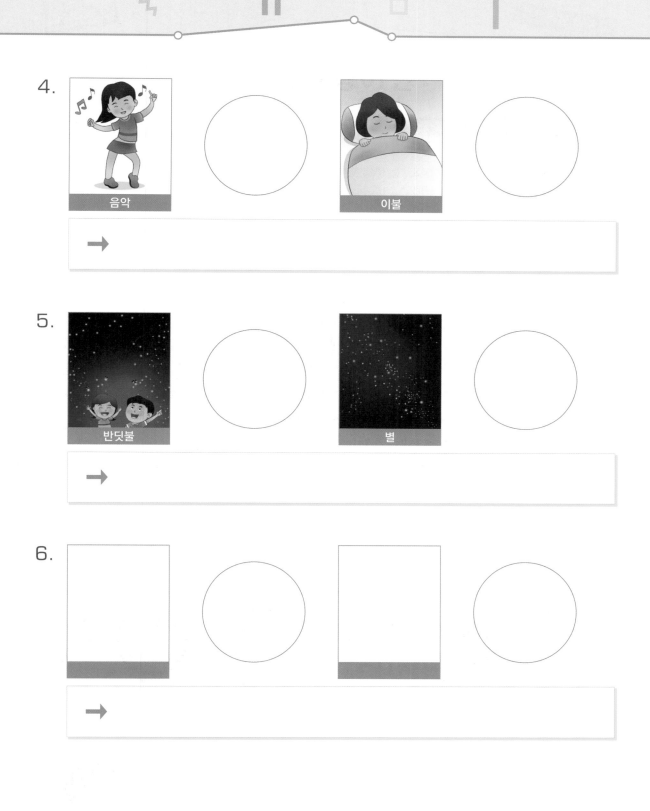

4. 음악 〇 이불 〇

→

5. 반딧불 〇 별 〇

→

6. 〇 〇

→

15차시 ▶ 은유법 배우기

📖 **학습 목표** • 은유법을 알고 문장을 쓸 수 있다.

은유법 알아보기

📎 은유법은 두 사물을 직접적으로 비교하지 않는 방법을 말해요. 보통 '~는 ~이다'의 형태로 쓰인답니다. 아래 제시된 문장을 보고 직접적이지는 않지만 비교하고 있는 대상을 찾아 그려 보세요.

1. 시간은 금이다.

시간

금

2. 책은 상상의 열쇠이다.

3. 인생은 청룡열차이다.

4. 눈은 하얀 이불이다.

5. 노래는 마음이다.

은유법 이해하기

✏️ 위에 제시된 비유적 표현이 의미하는 것은 무엇일까요?

1. 시간은 매우 소중하기 때문에 함부로 써서는 안 된다는 뜻이다.

2.

3.

4.

5.

TIP 학생이 비유적 표현을 이해하는 방법은 매우 다양할 수 있습니다. 아이들의 다양한 이해를 있는 그대로 지지해 주세요.

16차시 은유법 익히기

📖 **학습 목표** • 은유법이 쓰인 예를 확인하고, 은유법의 정의에 대해 학습한다.

시 읽어 보기

✏️ 다음 시에는 은유법으로 '내 마음'을 표현한 단어들이 있습니다. 어떤 단어들이 있는지 찾아 보고, 아래 네모 상자에 적어 봅시다.

내 마음은

김동명

내 마음은 호수요
그대 노 저어 오오
나는 그대의 흰 그림자를 안고
옥같이 그대의 뱃전에
부서지리다
내 마음은 촛불이오
그대 저 문을 닫어주오
나는 그대의 비단 옷자락에 떨며
고요히 최후의 한방울도
남김없이 타오리다

내 마음은 나그네요
그대 피리를 불어 주오
나는 달 아래 귀를 귀울이며
호젓이 나의 밤을 새이오리다
내 마음은 낙엽이요
잠깐
그대의 뜰에 머무르게 하오
이제 바람이 일면
나는 또 나그네같이
외로이 그대를 떠나오리다.

1.	2.	3.	4.

💡 **TIP** 시의 내용에 초점을 맞추기보다 이 시에서 쓰인 은유법을 학생들이 이해할 수 있도록 도와주세요.

단어 완성하기

📋 다음은 숨겨져 있는 단어를 맞히는 문제입니다. 문제를 보고 맞으면 '예', 틀리면 '아니요'를 골라 보고, 이들을 조합하여 단어를 완성해 보세요.

문제	예	아니요
1. '물은 흐른다.'는 은유법이다.	ㄱ	ㅇ
2. 은유법은 직접적으로 비교하지 않고 비교하는 방법이다.	ㅡ	ㅏ
3. '내 마음은 초원이다'는 은유법이다.	ㄴ	ㅎ
4. '복숭아 같은 내 얼굴'은 은유법이다.	ㅁ	ㅇ
5. 은유법을 사용하면 대상의 특징을 쉽게 상상할 수 있다.	ㅠ	ㅛ

어떤 단어가 만들어졌나요?

📋 은유법과 관련된 문제를 풀어 봅시다.

1. 다음 중 '뻥튀기'를 은유적으로 표현한 문장은 무엇입니까?
   ① 추억을 부르는 뻥튀기
   ② 맛과 모양이 다양한 뻥튀기
   ③ '펑' 소리와 함께 눈처럼 내리는 뻥튀기
   ④ 뻥튀기는 추억이다.
   ⑤ 뻥튀기같은 거짓말에 사람들은 속았다.

2. 태영이의 상태를 은유적으로 표현한 단어는 무엇입니까?

   침대에 누워 있는 태영이의 이마는 난로였다. 아픈 것이 틀림없었다.

   ① 침대   ② 누워 있는   ③ 이마
   ④ 난로   ⑤ 틀림없었다.

17차시 ▶ **은유법 다지기**

📖 **학습 목표** • 은유법을 활용해 다양한 표현할 수 있다.

은유법 복습하기

👆 다음 그림에는 공통점이 있습니다. 공통점을 읽어 보고 이를 활용하여 오른쪽 상자에 은유법 문장으로 만들어 보세요.

1.

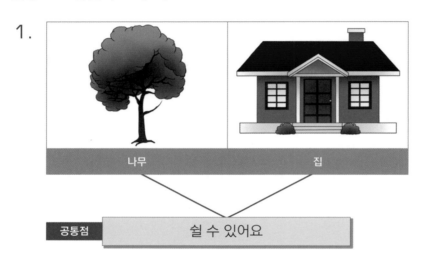

나무는 집이다.

2.

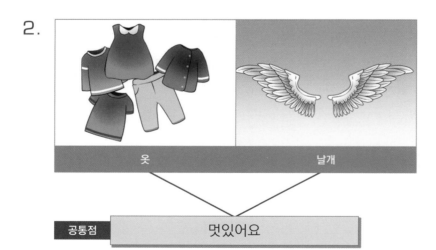

_____ .

3.

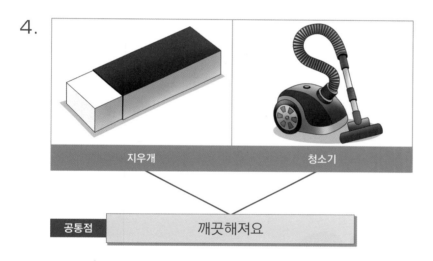

| 해수욕장 | 놀이터 |

ㆍㆍㆍㆍㆍㆍㆍㆍㆍㆍㆍㆍㆍㆍㆍㆍㆍㆍㆍㆍ.

공통점   즐거워요

4.

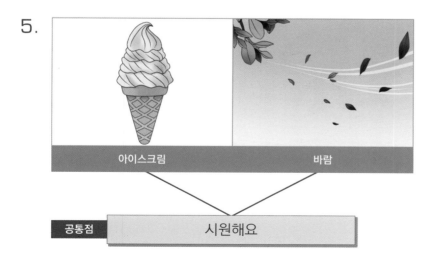

| 지우개 | 청소기 |

ㆍㆍㆍㆍㆍㆍㆍㆍㆍㆍㆍㆍㆍㆍㆍㆍㆍㆍㆍㆍ.

공통점   깨끗해져요

5.

| 아이스크림 | 바람 |

ㆍㆍㆍㆍㆍㆍㆍㆍㆍㆍㆍㆍㆍㆍㆍㆍㆍㆍㆍㆍ.

공통점   시원해요

다음 문제의 그림을 가장 잘 표현하는 단어를 〈보기〉에서 찾아 써 보고, 완성한 은유 표현을 설명해 봅시다.

〈보기〉

| 꽃 | 호수 | 천사 | 하늘 | 산 |
| 바다 | 토끼 | 호랑이 | 별 |

1.

엄마는 ＿＿＿＿＿＿＿＿＿＿＿＿(이)다.

왜냐하면 ＿＿＿＿＿＿＿＿＿＿＿＿＿＿

＿＿＿＿＿＿＿＿＿＿＿＿＿＿＿＿＿＿＿

＿＿＿＿＿＿＿＿＿＿＿＿＿＿＿＿＿＿＿.

2.

친구는 ＿＿＿＿＿＿＿＿＿＿＿＿(이)다.

왜냐하면 ＿＿＿＿＿＿＿＿＿＿＿＿＿＿

＿＿＿＿＿＿＿＿＿＿＿＿＿＿＿＿＿＿＿

＿＿＿＿＿＿＿＿＿＿＿＿＿＿＿＿＿＿＿.

3.

선생님은 _____ (이)다.

왜냐하면 _____

_____

_____ .

4.

내 마음은 _____ (이)다.

왜냐하면 _____

_____

_____ .

5.

아빠는 _____ (이)다.

왜냐하면 _____

_____

_____ .

18차시 ▶ 직유법·은유법 응용하기

📖 **학습 목표** • 직유법과 은유법을 구분하고 비유적 표현을 쓸 수 있다.

> **표현해 보기**

👆 '~처럼' '~같이' '~같은' '~듯이'의 형태로 두 사물을 직접 비교하는 직유법과 '~는 ~이다'의 형태로 직접적인 비교를 하지 않는 은유법을 연습해 봅시다.

직유법		은유법
천사**같은** 그녀는 무거운 짐을 들고 가는 할머니를 지나칠 수 없었다.		그녀**는** 천사**이다.**

💬 **TIP** 학생이 자신이 활동지에 적은 비유적 표현을 직접 설명할 수 있는 기회를 주세요.

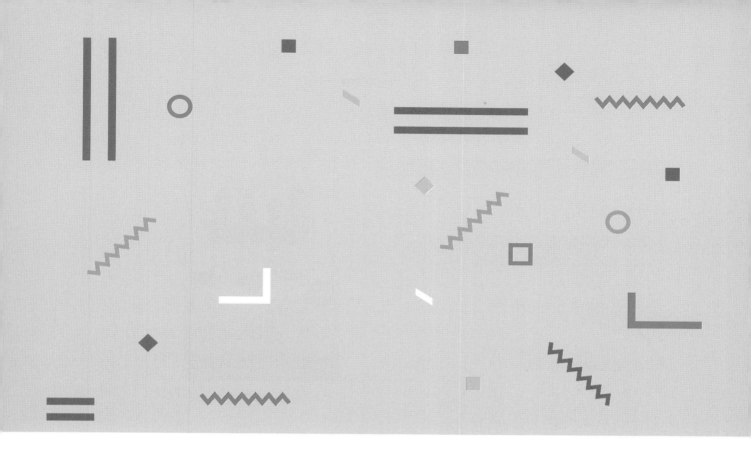

정답지

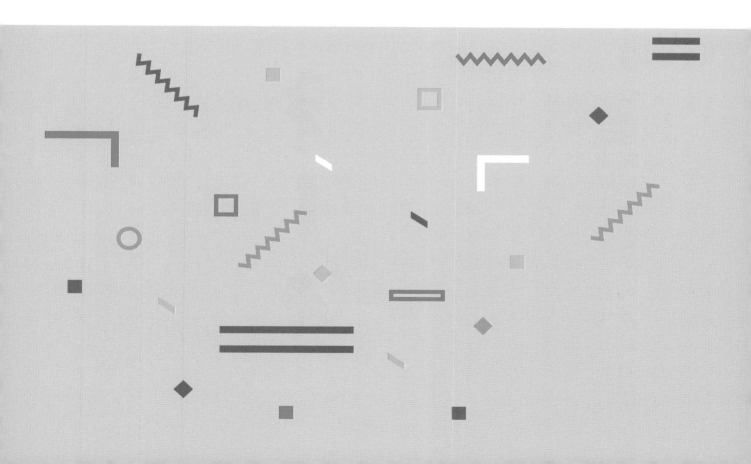

1단계

〈1차시〉 품사란?

* 모양이 변하지 않는 단어 알아보기(p. 16)
  1. 흙 또는 모래
  2. 벌레 또는 애벌레
  3. 매우, 아주 또는 굉장히
  4. 딱지

* 나무토막 쌓기 1(p. 17)
  병, 용돈, 마지막, 사진

* 모양이 변하지 않는 단어 알아보기(p. 18)
  1. 달렸다 또는 달리고 있다, 달리는, 달렸더니
  2. 재미있다, 재미있는, 재밌어서 또는 재미있어서
  3. 흐리다, 흐려서, 흐린
  4. 사용한, 사용했다, 사용하고

* 나무토막 쌓기 2(p. 19)
  쓰러지다, 건지다, 무섭다, 두드리다

〈2차시〉 모양이 변하는 단어: 동사

* 동사 써 보기(p. 21)
  1. 마시다
  2. 가라앉다
  3. 피하다
  4. 숙이다
  5. 오르다
  6. 떨어지다

* 동사 연결하기(p. 22)

먹다 – 먹고, 먹어서, 먹으니
자다 – 자니, 자고, 자서
놀다 – 놀고, 노는, 노니
입다 – 입고, 입는, 입어서

* 동사 만들기(p. 23)
  1. 먹는   2. 자는   3. 노는   4. 입는

〈3차시〉 동사의 활용

* 문장 완성하기(p. 24)

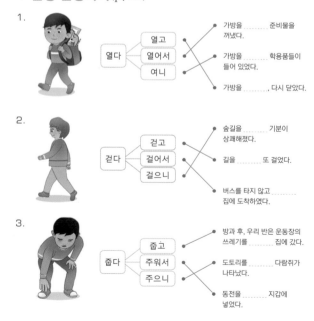

✱ 동사 퍼즐게임 (p. 25)

1. **모으다**

돈을 <u>모아서</u> 장난감을 샀다.
우표를 <u>모으는</u> 취미
두 손을 <u>모으고</u> 바르게 앉았다.

모	모	으	고	아
으	아	고	모	서
서	서	모	으	니
모	어	으	으	모
으	아	서	모	는

2. **달리다**

힘껏 <u>달리는</u> 말
나는 <u>달리고</u>, 너는 걸었다.
빨리 <u>달려서</u> 밖으로 나갔다.

달	리	고	달	서
르	달	리	라	르
달	리	는	달	리
리	려	고	리	다
려	달	서	다	리

3. **이루다**

잠 못 <u>이루는</u> 밤
꼭 꿈을 <u>이루고</u> 싶다.
소원을 <u>이루기</u> 어려웠다.

이	루	이	루	고
뤄	이	루	루	서
고	르	는	이	교
이	루	기	니	르
려	이	고	서	이

[연습문제]

1. ② 묻다
2. ④ 걸어서

〈4차시〉 모양이 변하는 단어: 형용사

✱ 형용사 연결하기 (p. 27)

✱ 형용사 써 보기 (p. 28)

1. 옷이 깨 끗 하 다 .

2. 아파트가 높 다 .

3. 동생은 키가 작 다 .

4. 소리가 시 끄 럽 다 .

5. 들판이 넓 다 .

✱ 형용사 만들기 (p. 29)

1. 깨 끗 한 옷

2. 높 은 아파트

3. 키가 작 은 동생

4. 시 끄 러 운 소리

5. 넓 은 들판

〈5차시〉 형용사의 활용

* 형용사의 모양 찾기(p. 30)

* 형용사 문장 완성하기(p. 31)

1. 기뻐   2. 슬퍼요
3. 재밌고   4. 무섭고
5. 즐거웠다

[연습문제]
1. ② 달리다   2. ③ 기쁘고

〈6차시〉 품사 응용하기

* 공룡 색칠하기(p. 32)

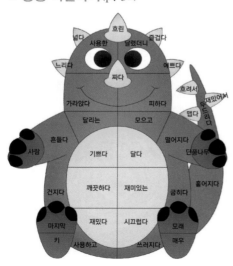

〈7차시〉 의성어란?

* 의성어 알아보기(p. 34)

1. 짹짹   2. 깔깔
3. 딩동딩동   4. 찰칵찰칵
5. 아삭아삭   6. 소곤소곤
7. 달그락달그락

〈8차시〉 의성어 써 보기

* 의성어 연습하기(p. 36)

1. 쿨쿨   2. 하하
3. 졸졸   4. 따르릉
5. 부르릉   6. 쨍그랑
7. 째깍째깍   8. 보글보글
9. 뚜벅뚜벅   10. 꿀꺽꿀꺽

[연습문제]
1. ① 소곤소곤
2. ① 뚜벅뚜벅

〈9차시〉 의태어란?

* 의태어 알아보기(p. 40)

1. 번쩍   2. 깜짝
3. 깡충깡충   4. 휘둥그레
5. 살금살금   6. 쭈글쭈글
7. 허겁지겁   8. 펄펄
9. 대롱대롱   10. 털썩
11. 아장아장   12. 펄럭펄럭
13. 알록달록   14. 힐끔

〈10차시〉 의태어 써 보기

* 의태어 연결해 보기(p. 43)

┌─〈보기〉──────────────────────────────┐
│ 데굴데굴 주렁주렁 무럭무럭 갸우뚱 모락모락 허둥지둥 방긋방긋 │
└─────────────────────────────────────┘

(1) 주렁주렁   (2) 방긋방긋   (3) 허둥지둥
(4) 무럭무럭   (5) 데굴데굴   (6) 갸우뚱
(7) 모락모락

* 의태어 사용하기(p. 44)

1. 열매가 주렁주렁 달려 있다.
2. 태양이 방긋방긋 웃는다.
3. 여우가 허둥지둥 달려간다.
4. 새싹이 무럭무럭 자란다.
5. 공이 데굴데굴 구른다.
6. 강아지가 갸우뚱 머리를 젓다.
7. 굴뚝에서 연기가 모락모락 난다.

[연습문제]
1. ④ 의태어의 예로 소곤소곤, 아삭아삭, 짹짹 등이 있다.
2. ④ 펄럭펄럭
3. ① 대롱대롱

〈11차시〉 의성어·의태어 구별하기

* 의성어·의태어 구분하기(p. 45)

• 의성어: 깔깔, 짹짹, 찰칵찰칵, 소곤소곤, 아삭아삭, 딩동딩동, 달그락달그락
• 의태어: 살금살금, 휘둥그레, 쭈글쭈글, 깜짝, 허겁지겁, 번쩍, 깡충깡충

* 배운 내용 응용하기(p. 46)

1. 짹짹, 의성어   2. 번쩍, 의태어
3. 아삭아삭, 의성어   4. 쭈글쭈글, 의태어
5. 허겁지겁, 의태어   6. 깡충깡충, 의태어
7. 소곤소곤, 의성어

〈12차시〉 의성어·의태어 응용하기

* 나만의 글쓰기(p. 47)

1. 침대에서 아이가 짹짹거리는 새소리를 듣고 일어났습니다.
2. 딩동딩동 초인종 소리에 가족 모두가 현관문 쪽을 바라보고 있습니다.
3. 선물을 열었더니 인형이 튀어 올라 깜짝 놀랐습니다.
4. 도서관에서 아이들이 깔깔 웃으며 떠들어 다른 사람들이 이들을 째려보고 있습니다.
5. 주인이 자고 있는 집 안으로 도둑이 살금살금 들어오고 있습니다.
(이 밖에 다양한 답이 가능하다.)

〈13차시〉 합성어란?

* 합성어 알아보기(p. 50)

• 물체가 나타내는 빛깔: 색
1. 색, 종이   2. 꽃, 잎
3. 문, 고리   4. 장미, 꽃
5. 사과, 나무   6. 책, 가방
7. 교통, 경찰관

〈14차시〉 합성어 익히기

* 나눌 수 있는 단어 찾기(p. 52)

1. 편지, 글
2. 엿, 장수
3. 밤, 송이
4. 콩, 나물
5. 남자, 아이
6. 장, 바구니
7. 놀이, 동산

* 합성어의 뜻 알기(p. 53)

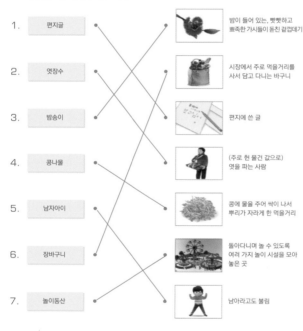

[연습문제]

1. ② 두 개의 단어가 하나로 합쳐진 단어이다.
2. ② 햇사과
3. ② 손

〈15차시〉 합성어 다지기

* 새로운 짝 찾아보기(p. 55)

1. 꽃   2. 나무

3. 고리   4. 놀이
5. 교통

* 이야기 완성하기(p. 57)

1. 꽃무늬, 여자아이
2. 놀이동산, 김밥, 나무젓가락
3. 콩나물
4. 장바구니, 책가방
5. 교통사고, 초록색

〈16차시〉 파생어란?

* 파생어 알아보기(p. 59)

1. 헛, 수고   2. 풋, 사과
3. 맨, 주먹   4. 덧, 버선
5. 잠, 꾸러기   6. 나무, 꾼

• 혼자 쓰일 수 없는 단어: 헛, 풋, 맨, 덧, 꾸러기, 꾼
• 실제 뜻을 가진 단어: 수고, 사과, 주먹, 버선, 잠, 나무

* 파생어 연결해 보기(p. 60)

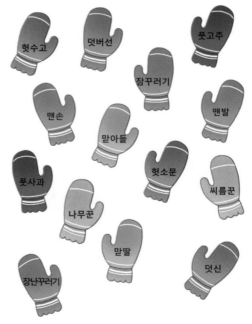

• 헛수고, 헛소문   • 맨손, 맨발

- 풋사과, 풋고추
- 잠꾸러기, 장난꾸러기
- 덧신, 덧버선
- 나무꾼, 씨름꾼
- 맏딸, 맏아들

〈17차시〉 파생어 익히기

* **사다리 타기**(p. 61)
  1. 헛-: 이유 없는, 보람 없는
  2. 풋-: 처음 나온, 덜 익은
  3. 맨-: 다른 것이 없는
  4. 덧-: 겹쳐 신거나 입은
  5. -꾼: 어떤 일을 잘하는 사람
  6. -꾸러기: 어떤 일을 심하게 하거나 많이 하는 사람

* **파생어 연결해 보기**(p. 62)

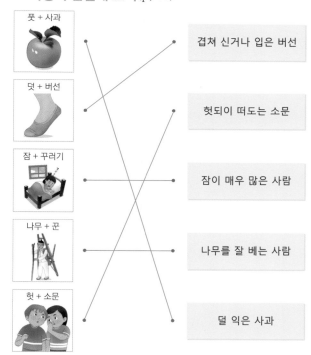

[연습문제]
1. ③ 풋-   2. ④ 덧-

〈18차시〉 파생어 다지기

* **접사 복습하기**(p. 64)
  1. 헛   2. 덧
  3. 풋   4. 맨
  5. 꾼   6. 꾸러기

* **빈칸 채우기**(p. 66)
  1. 헛수고   2. 덧신
  3. 풋사과   4. 맨손
  5. 사냥꾼   6. 장난꾸러기

〈1차시〉 상의어란?

* **상의어 알아보기**(p. 70)
  1. 생선   2. 음료
  3. 고기   4. 세면도구
  5. 과일

* **상의어 써 보기**(p. 71)
  1. 운동   2. 가구
  3. 채소

〈2차시〉 상의어 익히기

* **상의어 복습하기**(p. 72)
  1. 직업: 가수, 공무원, 경찰관, 운동선수, 요리사, 우체부, 의사, 화가
  2. 과일: 귤, 딸기, 배, 복숭아, 수박, 자두, 참외, 포도

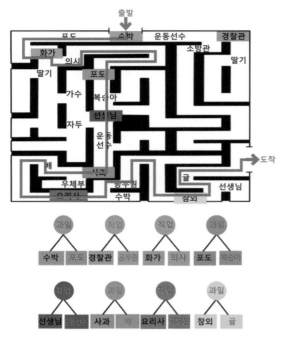

[연습문제]

1. ④ 착하다　　　　2. ④ 화분

〈3차시〉 상의어 다지기

* **상의어 복습하기**(p. 75)

　1. 5번

* **상의어 만들어 보기**(p. 76)

　1. 악기　　　　　2. 주방용품

　3. 미술도구　　　4. 직업

　5. 교통수단　　　6. 음식

〈4차시〉 하의어란?

* **하의어 알아보기**(p. 79)

　1. 동물: 돼지, 호랑이, 고양이, 여우

　2. 나라: 미국, 일본, 영국, 프랑스

　3. 학용품: 연필, 지우개, 필통, 연습장

* 하의어 연결하기(p. 80)

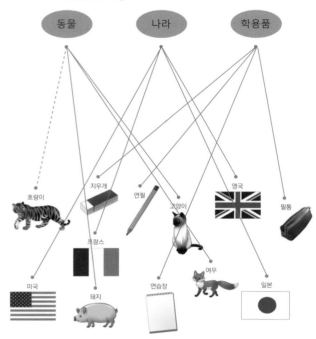

〈5차시〉 하의어 익히기

* **마인드맵 완성하기**(p. 81)

　1. 옷

　　－상의: 티셔츠, 블라우스, 카디건, 긴팔 옷, 반팔
　　　옷 등

　　－하의: 반바지, 치마, 청바지 등

　2. 신체

　　－상체: 얼굴, 손, 목, 팔, 등, 허리 등

　　－하체: 다리, 무릎, 발, 종아리 등

　3. 액세서리

　　－귀걸이, 반지, 목걸이, 팔찌, 발찌, 시계 등

　4. 채소

　　－파, 배추, 콩, 당근, 양파, 브로콜리 등

　(이 밖에 다양한 답이 가능하다.)

* **내가 좋아하는 아이스크림**(p. 83)

• 색깔에 포함되는 단어: 주황색, 분홍색, 파랑색, 빨강

색, 보라색, 연두색
• 과일에 포함되는 단어: 딸기, 포도, 멜론

이름	현아	준기	미영
아이스크림 맛	포도맛	멜론맛	딸기맛

[연습문제]
1. ② 무지개   2. ③ 곰

〈6차시〉 하의어 다지기

* 하의어 복습하기(p. 85)
1. 하늘에서 다니는 것: 수송기, 헬기, 전투기
2. 땅에서 다니는 것: 자동차, 기차, 트럭
3. 바다에서 다니는 것: 돛단배, 잠수함, 화물선

* 식물 가계도(p. 86)
1. 코스모스, 장미꽃
2. 나무/단풍나무, 소나무

〈7차시〉 상의어 · 하의어 알기

* 상의어 · 하의어 써 보기(p. 87)
• 상의어 관련 문제
  1. 학용품
  2. 직업
  3. 새
  4. 감정
  5. 몸(또는 신체)
  6. 가구
  7. 전자기기(또는 전자제품)

• 하의어 관련 문제
  (다양한 답이 가능하다.)

〈8차시〉 상의어 · 하의어 구별하기

* 상의어 · 하의어의 역할(p. 89)
1.

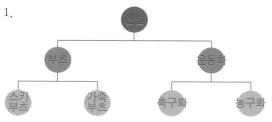

• 신발은 부츠와 운동화의 상의어,
  부츠는 스키부츠와 가죽부츠의 상의어,
  운동화는 축구화와 농구화의 상의어
• 부츠와 운동화는 신발의 하의어,
  스키부츠와 가죽부츠는 부츠의 하의어,
  축구화와 농구화는 운동화의 하의어

2.

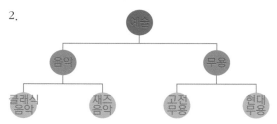

• 예술은 음악과 무용의 상의어,
  음악은 클래식음악과 재즈음악의 상의어,
  무용은 고전무용과 현대무용의 상의어
• 음악과 무용은 예술의 하의어,
  클래식음악과 재즈음악은 음악의 하의어,
  고전무용과 현대무용은 무용의 하의어

3.

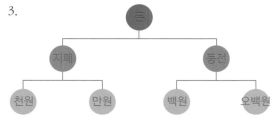

• 돈은 지폐와 동전의 상의어,
  지폐는 천원과 만원의 상의어,

동전은 백원과 오백원의 상의어
* 지폐와 동전은 돈의 하의어,
  천원과 만원은 지폐의 하의어,
  백원과 오백원은 동전의 하의어

4.

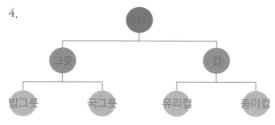

* 식기는 그릇과 컵의 상의어,
  그릇은 밥그릇과 국그릇의 상의어,
  컵은 유리컵과 종이컵의 상의어
* 그릇과 컵은 식기의 하의어,
  밥그릇과 국그릇은 그릇의 하의어,
  유리컵과 종이컵은 컵의 하의어

5.

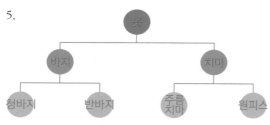

* 옷은 바지와 치마의 상의어,
  바지는 청바지와 반바지의 상의어,
  치마는 주름치마와 원피스의 상의어
* 바지와 치마는 옷의 하의어,
  청바지와 반바지는 바지의 하의어
  주름치마와 원피스는 치마의 하의어

〈9차시〉 상의어 · 하의어 응용하기

* **빙고게임**(p. 92)
  (자유롭게 실시한다.)

〈10차시〉 유의어란?

* **유의관계 찾아보기**(p. 95)
  1. 책방, 서점   2. 얼굴, 낯
  3. 아이, 유아, 아기   4. 부모, 어버이
  5. 이름, 성명   6. 사내, 남자, 남성
  7. 달걀, 계란   8. 생각하다, 고려하다
  9. 마음먹다, 작정하다 10. 몹시, 무척

〈11차시〉 유의어 익히기

* **초성게임**(p. 96)

[연습문제]
1. ⑤ 예지: 유의어는 소리는 다르지만 의미가 비슷
   한 단어야.
2. ① 직접-대신
3. ② 고려하다-생각하다

〈12차시〉 유의어 다지기

* **유의어 복습하기 1**(p. 98)
  1. 왕-임금-군주   2. 엄마-어머니-모친

3. 국어-우리말　　　　4. 중간-가운데

5. 수업-강의　　　　　6. 놀라다-당황하다

7. 안다-품다　　　　　8. 쌓다-포개다

9. 서점-책방　　　　　10. 얼굴-낯

11. 대변-응가　　　　　12. 계란-달걀

13. 현금-돈　　　　　　14. 먼저-미리

15. 이름-성명　　　　　16. 아이-유아

17. 여자-여성　　　　　18. 남자-사내

19. 인간-사람　　　　　20. 어버이-부모

5. 어둡다　　　　　　　6. 학생

＊ **반의어 찾아보기**(p. 105)

1. 이기다, 지다　　　　2. 맑다, 흐리다

3. 닫다, 열다　　　　　4. 나쁘다, 좋다

5. 같다, 다르다　　　　6. 쉽다, 어렵다

＊ **유의어 복습하기 2**(p. 99)

1. 채소-야채　　　　　2. 태양-해

3. 도서-책　　　　　　4. 이미-벌써

5. 의복-옷　　　　　　6. 공책-노트

7. 피곤하다-고단하다　8. 선생-스승

9. 미장원-미용실　　　10. 지방-기름

11. 게임-오락　　　　　12. 닮다-비슷하다

13. 관심-흥미　　　　　14. 너무-아주

15. 숙제-과제　　　　　16. 친구-동무

17. 사랑-애정　　　　　18. 싫다-밉다

19. 키보드-자판　　　　20. 생선-물고기

〈13차시〉 유의어 응용하기

＊ **메모리 게임**(p. 100)

1. 왕, 임금　　　　　　2. 엄마, 어머니

3. 국어, 우리말　　　　4. 중간, 가운데

5. 수업, 강의　　　　　6. 놀라다, 당황하다

7. 안다, 품다　　　　　8. 쌓다, 포개다

〈14차시〉 반의어란?

＊ **반의어 알아보기**(p. 104)

1. 오다　　　　　　　　2. 낮다

3. 시골　　　　　　　　4. 적다

〈15차시〉 반의어 익히기

＊ **반의어 연결해 보기**(p. 106)

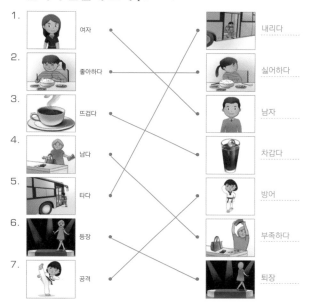

＊ **반의어 써 보기**(p. 107)

1. 여자, 남자

2. 좋아하는, 싫다./싫어요./싫습니다.

3. 뜨거운, 차가운

4. 남은, 부족해서

5. 탈, 내릴

6. 등장, 퇴장

7. 공격, 방어

[연습문제]

1. ④ 등장하다-사라지다

2. ⑤ 처다보다-바라보다
3. ⑤ 쓰러지다-일어서다

〈16차시〉 반의어 다지기

* **반의어 복습하기**(p. 109)

1.

기쁘다

하	이	슬	은	여
음	들	다	프	라
지	문	련	경	다
소	만	향	주	유
만	기	훈	환	영

2.

부지런하다

벌	용	는	반	모
두	세	모	고	상
어	참	지	자	든
다	르	으	게	묵
임	길	직	아	옴

3.

가볍다

반	는	기	에	알
뢰	지	하	다	워
알	처	내	겁	어
신	가	는	무	안
두	리	려	의	날

4.

느리다

사	자	언	음	진
신	나	유	의	해
통	화	빠	어	대
하	람	르	과	이
주	는	다	를	루

* **OX 퀴즈**(p. 110)

'선생님'의 반의어는 '학생'이다.

'많다'의 반의어는 '적다'이다.

'오전'의 반의어는 '오후'이다.

'춥다'의 반의어는 '덥다'이다.

'열다'의 반의어는 '부족하다'이다.

'도시'의 반의어는 '방어'이다.

〈17차시〉 반의어 응용하기

* **어휘놀이**(p. 111)

1. 프 남 은 슬 내 다 ➡ 슬 프 다
2. 여 주 이 식 관 수 ➡ 주 관 식
3. 단 다 갑 비 물 차 ➡ 차 갑 다
4. 리 장 느 그 오 다 ➡ 느 리 다
5. 지 신 번 음 부 만 ➡ 신 부
6. 대 바 야 반 토 하 ➡ 반 대
7. 주 공 용 내 현 조 ➡ 공 주
8. 동 구 도 화 어 착 ➡ 도 착

* **집으로 가는 길**(p. 112)

두껍다, 얇다, 흉년, 풍년, 공통점, 차이점, 조용하다, 시끄럽다

〈18차시〉 유의어 · 반의어 복습하기

* 숨은 단어 찾기(p. 113)

남	퇴	품	머	황	국	갑	어	머	남	황	당
어	자	등	격	자	업	품	국	등	리	쳐	황
운	머	장	쳐	다	보	다	자	쌓	수	국	하
좋	쓰	쳐	남	리	쌓	리	방	부	족	하	다
족	러	황	가	퇴	등	머	품	어	수	좋	운
머	지	업	품	운	족	자	내	쌓	다	업	격
내	다	격	국	좋	데	운	족	부	등	방	쌓
리	갑	쳐	자	어	갑	방	어	황	남	족	리
남	쌓	품	방	운	좋	격	머	쳐	갑	격	어
수	방	우	차	황	아	내	니	자	임	금	방
내	리	다	퇴	갑	하	쳐	국	수	부	업	좋
말	황	내	머	부	다	퇴	리	쌓	자	방	내

* 생각해 보기(p. 114)

유의어		반의어
붙들다	잡다	놓다
돌파하다, 관통하다	뚫다	막다
눈물짓다, 훌쩍거리다	울다	웃다
빈번히, 수시로, 종종	자주	때때로, 가끔
이유, 동기	원인	결과
요약, 요점, 줄거리	개요	전체, 전부
연결하다, 연속하다	잇다	끊다, 자르다
힘들다, 괴롭다	어렵다	괜찮다, 쉽다
차이점	공통점	유사점
뜨다, 솟아오르다	떠오르다	가라앉다, 내려가다

〈1차시〉 동음이의어란?

* 동음이의어 알아보기(p. 118)

1.

눈

빛의 강약 및 파장을 받아들여 뇌에 시각을 전달하는 감각 기관

대기 중의 수증기가 찬 기운을 만나 얼어서 땅 위로 떨어지는 흰색 결정체

- 앞 좌석에 앉아 있는 사람과 눈이 마주쳤다.
- 흰 눈이 펑펑 내린다.
- 눈 좀 똑바로 뜨고 다녀라!
- 어렸을 때 눈이 내리면 기분이 좋았다.
- 불빛에 눈이 부셔서 고개를 돌렸다.

2.

꿈

잠자는 동안 머릿속에서 일어나는 여러 정신현상

실현시키기를 원하는 이상이나 희망

- 어제 꿈을 꿔서 그런지 피곤하다.
- 내 꿈은 유명한 연예인이다.
- 꿈은 크면 클수록 좋다.
- 어제 연예인이 되는 꿈을 꿨다.
- 수면 중에 꿈은 어떤 기능을 할까?

3.

김

액체 상태의 물질이 열을 받아서 기체 상태로 변한 것

홍조류에 속한 해조의 하나

- 짭짤한 김이 밥도둑이다.
- 갓 끓인 국에서 김이 피어오른다.
- 온도가 바뀌니 안경에 김이 서린다.
- 김이 빠져서 맥주가 맛이 없다.
- 어머니가 김에 참기름칠을 하셨다.

4.

다리

사람이나 동물의 몸통에 붙어 받치거나 이동하는 기능을 하는 부분

물이나 협곡 따위의 장애물을 건너도록 두 지점을 연결한 구조물

- 모델의 다리가 굉장히 길다.
- 우리는 곧 다리를 건너게 됩니다.
- 다리를 짓느라 많은 비용이 들었다고 한다.
- 깊은 태클에 다리에 부상을 입었다.
- 원주민들이 나무로 다리를 만들었다.

5.

깨다

벗어나 정신이 맑은 상태가 되다.

1. 조각이 나게 부수다.
2. 철저하게 부인하여 그 유효성이나 영향력을 없는 상태로 만들다.

- 술에서 깨니 굉장히 고통스럽다.
- 실수로 유리창을 깼다.
- 새벽에 잠을 깨서 하루종일 피곤하다.
- 좀 이따가 나 좀 깨워 줘.
- 상식을 깨는 생각들을 하자.

〈2차시〉 동음이의어 배우기

* 동음이의어 써 보기(p. 120)

1.

사람이나 사물의 높이 / 배의 방향을 조정하는 것

① 선장은 빙산을 피하기 위해 배의 ___키___ (을)를 돌렸다.

② 나는 반에서 키가 제일 크다.

2.

사람이나 차가 다니는 길 / 떨어져 있는 두 곳 사이의 길이

① 학교에서 집까지의 ___거리___ 가 너무 멀어 창민이는 대중교통을 이용한다.

② _____

3.

다른 사람의 책임을 떠맡아 하는 것 / 왕이 있는 나라에서 장관 직책을 맡은 사람

① 하루 종일 열심히 일한 부모님 ___대신___ 내가 저녁을 차렸다.

② _____

4.

다른 사람의 아내를 높여 부르는 말 / 어떤 사실을 인정하지 않고 아니라고 주장하는 것

① 범인은 확실한 증거가 있었음에도 사실을 ___부인___ 하였다.

② _____

5.

아버지와 아들 / 재산이 많은 사람

① 우리 ___부자___ 는 똑같은 취미와 입맛을 가졌다.

② _____

6.

사람이 앉기 편하게 만든 것 / 앉거나 누울 때 바닥에 까는 깔개

① 따뜻한 봄이 되자, 사람들은 강가에 나와 ___자리___ 를 깔고 소풍을 즐겼다.

② _____

7.

물건을 나르기 위해 등에 얹다. / 경기나 싸움에서 이기지 못하다.

① 나무꾼은 매일 아침 지게를 ___지다___ 산에 오른다.

② _____

8.

무엇이 다른 비교와 대상보다 더 좋다. / 병이나 상처가 치료되다.

① 다이어트를 하기 위해서는 밥을 먹지 않는 것보다 운동을 하는 것이 더 ___낫다___.

② _____

〈3차시〉 동음이의어 익히기

* 동음이의어 찾아보기(p. 123)

1.
"얘, 말 같은 소리를 하렴."
"말하는 대로 이루어질 수 있습니다."
"그의 얼굴은 말처럼 생겼다."
"아무리 말해도 이해하지를 못하니?"
"그녀는 말을 정말 빠르게 한다."

2.
"아침을 안 먹었더니 배가 고프다."
"허기를 달래기 위해 배를 먹었다."
"배탈이 나서 한동안 누워 있었다."
"배가 나와서 고민이다."
"할머니가 배를 쓰다듬어 주셨다."

3.
"공터에 차를 주차하고 왔다."
"자동차가 많아 매연이 많다."
"차를 타고 다니니 출근이 편하군."
"아버지께서 등굣길에 차를 태워 주셨다."
"차 한잔 하실래요?"

4.
"내 아버지는 택시기사였다."
"이리 와서 신문기사 좀 읽어 봐."
"그는 잡지기사를 찬찬히 훑어 보았다."
"기사가 잘못 인쇄되어 있다."
"이 소재로 기사를 하나 써 보도록."

5.
"오래 걸었더니 다리가 아프다."
"그는 다리를 절뚝이고 있었다."
"긴 다리 때문에 키다리라고 불렸다."
"운동을 했는지 다리가 굵다."
"이게 서울에서 가장 긴 다리다."

6.
"컴퓨터를 오래 했더니 눈이 아프다."
"이번 크리스마스에는 눈이 올까?"
"함박눈이 펑펑 내린다."
"눈이 녹으면 무엇이 되나요?"
"유근이가 던진 눈에 맞아 아프다."

[연습문제]

1. ① 소방관은 사람들의 생명을 구했다.

2. ④ ㄷ-ㄱ-ㄴ

3. ⑤ ㉠: 소리, ㉡: 다른

〈4차시〉 동음이의어 다지기

* 동음이의어 복습하기(p. 125)

2. 때

- 좋은 기회나 알맞은 시기. 일정한 시기 동안
- 옷이나 몸 따위에 묻은 더러운 먼지 따위의 물질. 또는 피부의 분비물과 먼지 따위가 섞이어 생긴 것

3. 기사
  - 말을 탄 무사. 중세 유럽에서, 봉건 영주에 속한 무사. 조선 시대에, 금위영과 어영청의 말 탄 군사. 고대 로마에서, 말을 타고 군무에 종사하던 사람
  - 사실을 적음. 또는 그런 글. 신문이나 잡지 따위에서, 어떠한 사실을 알리는 글

4. 차다
  - 발로 내어 지르거나 받아 올리다.
  - 몸에 닿은 물체나 대기의 온도가 낮다.

5. 차
  - 식물의 잎이나 뿌리, 과실 따위를 달이거나 우리거나 하여 만든 마실 것을 통틀어 이르는 말
  - 바퀴가 굴러서 나아가게 되어 있는, 사람이나 짐을 실어 옮기는 기관

〈5차시〉 다의어란?

✱ 다의어 알아보기(p. 129)

1. 고 개

  - 피곤한지 요즘 고 개 가 뻣뻣하다.
  - 그는 창밖으로 고 개 를 내밀었다.
  - 이 고 개 만 넘으면 내리막길이다.

2. 입

  - 오빠가 배탈이 나서 입 이 하나 줄었다.
  - 그 사람은 입 이 거칠다.
  - 막내 입 에 뭐가 묻었다.

3. 손

  - 아이의 손 이 안 닿는 곳에 두어라.
  - 유진이는 손 에 반지를 끼고 있었다.
  - 구조 작업에는 손 이 많이 필요하다.

4. 코

  - 휴지로 코 를 닦아 냈다.
  - 이렇게 하면 코 가 오똑해질까?
  - 앞 코 가 뾰족한 구두는 발이 불편하다.

✱ 다의어 써 보기(p. 130)

1. 먹 었 다
  - 편의점에서 라면을 _____.
  - 나이를 한 살 더 _____.
  - 마음을 단단히 _____.

2. 빠 졌 다
  - 남자와 여자가 사랑에 _____.
  - 고양이가 깊은 잠에 _____.
  - 개구리가 우물에 _____.

3. 내 렸 다
  - 하루 종일 눈이 _____.
  - 준수가 버스에서 _____.
  - 밤새 열이 _____.

4. 고 쳤 다
  - 틀린 글자를 바르게 _____.
  - 고장 난 시계를 _____.
  - 의사가 병을 _____.

〈6차시〉 다의어 배우기

✱ 다의어 복습하기(p. 131)

1.
  가위로 색종이를 오렸다.
  친구들과 가위바위보를 했다.
  짜장면을 가위로 잘라서 먹었다.
  재단사가 옷감을 가위로 잘랐다.

2.
  저 선수는 발이 참 빠르다.
  엄마와 나는 발 모양이 닮았다.
  선물 받은 신발이 발에 꼭 맞는다.
  무성한 잡초를 발로 모두 밟았다.

3.
  민지는 머리를 흔들었다.
  머리가 간지러워 긁었다.
  머리가 아파서 약을 먹었다.
  지수는 머리가 좋아서 공부를 잘한다.

4.
  학교 가는 길에 동전을 주웠다.
  고집이 센 그녀를 설득할 길이 없다.
  지름길을 놔두고 다른 길로 돌아갔다.
  길 가는 사람들이 모두 발걸음을 멈췄다.

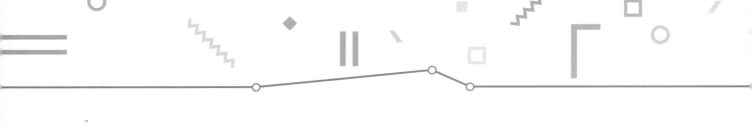

5.
회사에서 일을 했다.
밤이 늦어서야 일을 마칠 것 같다.
집 안에 크고 작은 일이 있었다.
일이 고되어서 힘들다.

6.
어머니는 차례 때 쓸 생선을 사셨다.
다음은 은주 차례야.
빈칸에 들어갈 수를 차례로 쓰세요.
이번엔 누가 발표할 차례지?

✳ 다의어 짝 찾기 (p. 132)

1.
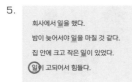
모으다
① 한 곳에 집중하다.
② 여럿을 한데 합치다.
③ 관심이나 흥미를 끌다.
④ 재물을 쓰지 않고 쌓아 두다.

쓰레기를 한 곳에 모아라. ②
정신을 다시 모으고 하던 공부를 계속했다. ①
그 드라마는 작년에 화제를 모았던 작품이다. ③
그분은 도자기를 모으는 데 인생을 바치셨다. ④

2.
버리다
① 사람을 돌보지 않다.
② 쓰지 못하게 망치다.
③ 가족이나 고향을 떠나다.
④ 필요 없는 물건을 내던지다.

쓰레기는 휴지통에 버려 주세요. ④
그는 늙은 부모를 버린 못된 자식이다. ①
흙탕물이 튀어 새 옷을 버리고 말았다. ②
동생은 고향을 버리고 타국으로 이민을 갔다. ③

3.
가볍다
① 무게가 적게 나가다.
② 행동이 침착하지 못하다.
③ 책임 따위가 낮거나 적다.
④ 병이나 상처 따위가 그다지 심하지 않다.

가벼운 걸 네가 들어라. ①
그는 가벼운 몸살 기운을 느꼈다. ④
철이는 입이 가벼워서 비밀이 없다. ②
아내는 가벼운 발걸음으로 남편을 따랐다. ③

4.
마르다
① 살이 빠져 야위다.
② 물기가 다 날아가서 없어지다.
③ 입이나 목에 물기가 적어 갈증이 나다.
④ 강이나 우물 따위의 물이 줄어 없어지다.

날씨가 맑아 빨래가 잘 마른다. ②
공부를 하느라 몸이 많이 말랐다. ①
달리기를 했더니 목이 몹시 마른다. ③
가뭄에 저수지가 말라서 바닥이 드러났다. ④

〈7차시〉 다의어 익히기

✳ 문장 완성하기 (p. 133)

1.

목수가 나무를
값을 만 원이나
머리를 짧게
— 깎다(깎아) —
조각품을 만들었다.
모자를 샀다.
인상이 환해졌다.

2.
부모님께 허락을
향수 냄새를
6학년 담임을
— 맡다(맡아) —
배낭여행을 다녀왔다.
머리가 어지럽다.
졸업사진을 찍었다.

3.
통장에 돈을
대학에 원서를
국에 간장을
— 넣다(넣어) —
현금이 없다.
시험을 보았다.
간을 맞춘다.

4.
경찰이 범인을
결혼식 날짜를
이제 마음을
— 잡다(잡아) —
수갑을 채웠다.
청첩장을 만들었다.
열심히 살아야지.

5.
사냥꾼은 멧돼지를
돌을 던져 새를
달아나는 도둑을
— 쫓다(쫓아) —
산 속으로 들어갔다.
뛰어갔다.
창문을 깨뜨렸다.

✳ 다의어 연결하기 (p. 135)

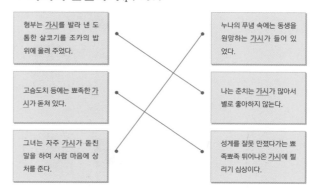

형부는 가시를 발라 낸 도톰한 살코기를 조카의 밥 위에 올려 주었다.

고슴도치 등에는 뾰족한 가시가 돋쳐 있다.

그녀는 자주 가시가 돋친 말을 하여 사람 마음에 상처를 준다.

누나의 푸념 속에는 동생을 원망하는 가시가 들어 있었다.

나는 준치는 가시가 많아서 별로 좋아하지 않는다.

성게를 잘못 만졌다가는 뾰족뾰족 튀어나온 가시에 찔리기 십상이다.

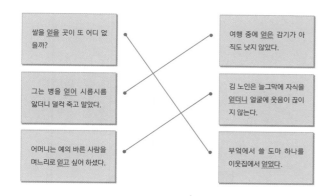

[연습문제]

1. ② 남자아이들이 굴렁쇠를 굴리며 놀고 있었다.

2. ④ ㄴ-ㄷ-ㄱ

〈8차시〉 다의어 다지기

* **다의어 사용하기**(p. 138)

1. 곱다
   - 말씨나 마음씨 등이 부드럽다.
   - 만질 때 거칠지 않고 부드럽다.

2. 깊다
   - 표면부터 바닥까지의 거리가 멀다.
   - 생각을 곰곰이 오래 하다.

3. 꿈
   - 잠이 든 동안 경험하게 되는 현상
   - 소원이나 희망

4. 낳다
   - 사람이나 동물이 아기나 알을 몸 밖으로 내보내다.
   - 어떤 상황이나 결과를 생기게 하다.

5. 빌리다
   - 다른 사람의 것을 잠시 얻어 쓰다.
   - 다른 사람의 도움을 이용하다.

6. 막히다
   - 할 말이 생각나지 않다.
   - 통과할 수 없게 되다.

7. 돌아가다

   - 무엇을 중심으로 계속 움직이다.
   - 차례를 바꾸어 하다.

(이 밖에 다양한 답이 가능하다.)

〈9차시〉 동음이의어 · 다의어 구별하기

* **동음이의어와 다의어**(p. 140)

다의어 / 동음이의어

1. 개(동음이의어)
   - 예: 갯과의 포유류. 가축으로 사람을 잘 따르고 영리하다. 일반적으로 늑대 따위와 비슷하게 생겼으며 날카로운 이빨이 있다.
   - 예: 행실이 형편없는 사람을 비속하게 이르는 말

2. 흐름(다의어)
   - 예: 흐르는 것
   - 예: 한 줄기로 잇따라 진행되는 현상을 비유적으로 이르는 말

3. 등(동음이의어)
   - 예: 사람이나 동물의 몸통에서 가슴과 배의 반대쪽 부분
   - 예: 물체의 위쪽이나 바깥쪽에 볼록하게 내민 부분

4. 띄다(동음이의어)
   - 예: 눈에 보이다.
   - 예: 남보다 훨씬 두드러지다.

5. 내다(다의어)
   - 예: 가게 따위를 새로 차리다.
   - 예: 문서, 서류, 편지 따위를 제출하거나 보내다.

6. 덮다(다의어)
   - 예: 물건 따위가 드러나거나 보이지 않도록 넓은 천 따위를 얹어서 씌우다.
   - 예: 기세, 능력 따위에서 앞서거나 누르다.

7. 끌다(다의어)
   - 예: 바닥에 댄 채로 잡아당기다.
   - 예: 시간이나 일을 늦추거나 미루다.

〈10차시〉 직유법이란?

＊ 직유법 알아보기(p. 144)

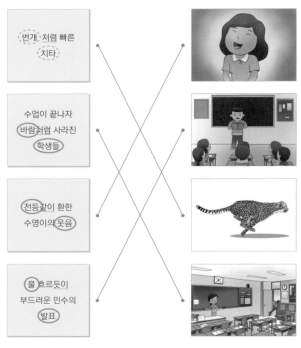

＊ 직유법 써 보기(p. 145)

〈11차시〉 직유법 배우기

＊ 직유법 복습하기(p. 146)

＊ 직유법 만들어 보기(p. 147)

〈12차시〉 직유법 익히기

✱ 직유법 써 보기(p. 148)

1.

구름 | 같이 부드러운 | 솜사탕

2.
 =
포도 | 처럼 모여 있는 | 마을

3.
 =
강아지 | 같이 귀여운 | 아기

4.
쟁반 | 같이 둥근 | 달

5.
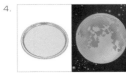 =
호수 | 같이 맑은 | 하늘

6.
 =
태양 | 처럼 환한 | 아이

✱ 직유법 완성하기(p. 150)

1. | 사이렌 | 처럼 시끄러운 | 울음소리 |
2. | 백지 | 같이 하얀 | 눈 |
3. | 깃털 | 처럼 가벼운 | 몸 |
4. | 아이스크림 | 같이 차가운 | 바람 |
5. | 고목나무 | 처럼 거칠거칠한 | 발 |
6. | 번개 | 같이 빠른 | 치타 |

(이 밖에 다양한 답이 가능하다.)

[연습문제]
1. ⑤ ㉤   2. ⑤ 바위

〈13차시〉 직유법 다지기

✱ 오감 브레인스토밍(p. 152)
(다양한 답이 가능하다.)

〈14차시〉 은유법이란?

✱ 은유법 연결해 보기(p. 157)

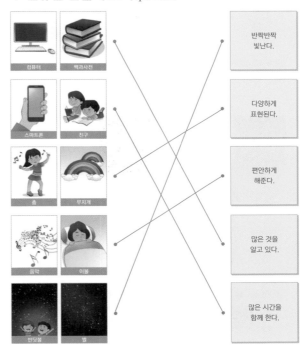

* 은유법 써 보기(p. 158)

2.

→ 스마트폰은 친구이다.

3.

→ 춤은 무지개이다.

4.

→ 음악은 이불이다.

5.

→ 반딧불은 별이다.

6.

→ (다양한 답이 가능하다.)

〈15차시〉 은유법 배우기

* 은유법 알아보기(p. 160)

   2. 책, 상상의 열쇠　　3. 인생, 청룡열차

   4. 눈, 하얀 이불　　5. 노래, 마음

* 은유법 이해하기(p. 161)

   (다양한 답이 가능하다.)

〈16차시〉 은유법 익히기

* 시 읽어 보기(p. 162)

   1. 호수　　　　　2. 촛불

   3. 나그네　　　　4. 낙엽

* 단어 완성하기(p. 163)

   1. 아니요　　　　2. 예

   3. 예　　　　　　4. 아니요

   5. 예　　　　　　→ 은유

   [연습문제]

   1. ④ 뻥튀기는 추억이다.

   2. ④ 난로

〈17차시〉 은유법 다지기

* 은유법 복습하기(p. 164)

   2. 옷은 날개이다.

   3. 해수욕장은 놀이터이다.

   4. 지우개는 청소기이다.

   5. 아이스크림은 바람이다.

* 은유법 만들어 보기(p. 166)

   (다양한 답이 가능하다.)

〈18차시〉 직유법 · 은유법 응용하기

* 표현해 보기(p. 168)

   (다양한 답이 가능하다.)

저자 소개

김동일(Kim, Dongil)

현재 서울대학교 사범대학 교육학과 교육상담전공 및 대학원 특수교육전공 주임교수로 재직하고 있다. 서울대학교 교육학과를 졸업하고 교육부 국비유학생으로 도미하여 미네소타 대학교 교육심리학과(학습장애전공)에서 석사·박사 학위를 취득하였다. Developmental Studies Center, Research Associate, 한국청소년상담원 상담교수, 경인교육대학교 교육학과 교수, 한국학습장애학회 회장, 한국교육심리학회 부회장, (사)한국상담학회 법인이사, 한국청소년상담(복지개발)원 법인이사, BK21 PLUS 미래교육디자인 연구사업단 단장을 역임하였다. 2002년부터 국가 수준의 인터넷중독 척도와 개입 연구를 진행해 왔으며, 정보화역기능예방사업에 대한 공로로 행정안전부 장관표창을 수상하였다. 현재 서울대학교 다중지능창의성연구센터(SNU MIMC Center) 소장, 서울대학교 특수교육연구소(SNU SERI) 소장 및 한국아동·청소년상담학회 회장, 한국인터넷중독학회 부회장, 여성가족부 청소년보호위원회 위원, (사)한국교육심리학회 법인이사 등으로 봉직하고 있다. 『바사와 함께하는 증거기반 수학 문장제 교수-학습 전략』(학지사, 2015), 『BASA-ALSA와 함께하는 학습전략 프로그램 워크북』(학지사, 2015), 『학습장애아동의 이해와 교육(3판)』(공저, 학지사, 2016), 『특수아상담』(공저, 학지사, 2016), 『교육평가의 이해(2판)』(공저, 학지사, 2016)을 비롯하여 50여 권의 (공)저서와 200여 편의 학술논문이 있으며, 20개의 표준화 심리검사를 개발하고, 20편의 상담사례 논문을 발표하였다.

2014년 정부(교육부)의 재원으로
한국연구재단의 지원을 받은 연구로 진행되었음
(NRF-2014S1A5A2A03064945)

연구책임자　김동일(서울대학교 교육학과)

참여연구원　김희주(서울대학교 특수교육연구소)
안예지(서울대학교 특수교육연구소)
이미지(서울대학교 특수교육연구소)
장세영(서울대학교 특수교육연구소)
신혜연 Gladys(서울대학교 특수교육연구소)
임희진(서울대학교 특수교육연구소)
황지영(서울대학교 특수교육연구소)
안성진(서울대학교 특수교육연구소)

BASA와 함께하는
읽기능력 증진 개별화 프로그램

읽기 나침반
❸ 어휘편

2018년 2월 20일 1판 1쇄 발행
2024년 1월 25일 1판 3쇄 발행

지은이 • 김동일
펴낸이 • 김진환
펴낸곳 • (주) 학지사
　　　　　　04031 서울특별시 마포구 양화로 15길 20 마인드월드빌딩
대표전화 • 02)330-5114　　　팩스 • 02)324-2345
등록번호 • 제313-2006-000265호

홈페이지 • http://www.hakjisa.co.kr
인스타그램 • https://www.instagram.com/hakjisabook

ISBN 978-89-997-1415-3 94370
　　　978-89-997-1410-8 (set)

정가 20,000원

출판미디어기업 학지사

간호보건의학출판 학지사메디컬 www.hakjisamd.co.kr
심리검사연구소 인싸이트 www.inpsyt.co.kr
학술논문서비스 뉴논문 www.newnonmun.com
교육연수원 카운피아 www.counpia.com

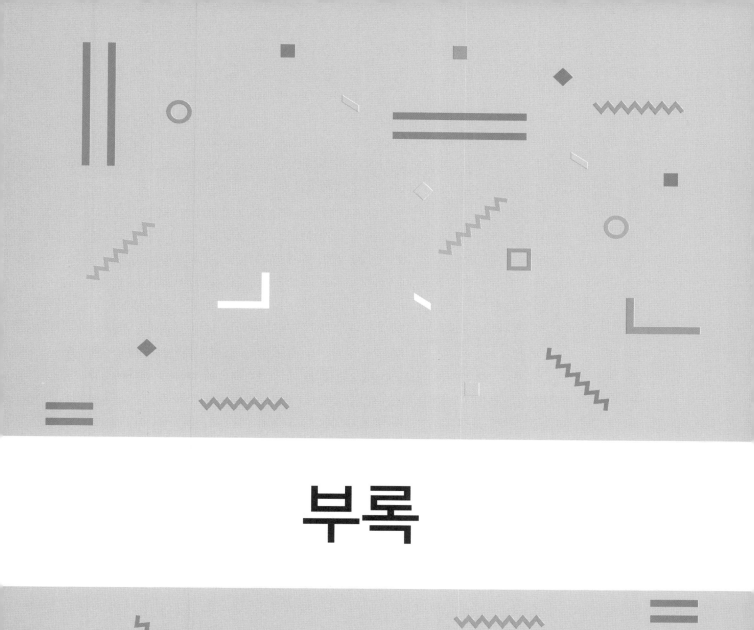

부록

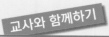

16차시 ▶ 파생어란?

(58~59쪽)

헛 수고   풋 사과   맨 주먹

덧 버선   잠 꾸러기   나무 꾼

1

4차시 ▶ 하의어란?

(78~79쪽)

하의어 알아보기

돼지	호랑이	고양이	여우
미국	일본	영국	프랑스
연필	지우개	필통	연습장

6차시

하의어 다지기

(85쪽)

하의어 복습하기

자동차

돛단배

수송기

잠수함

기차

헬기

트럭

전투기

화물선

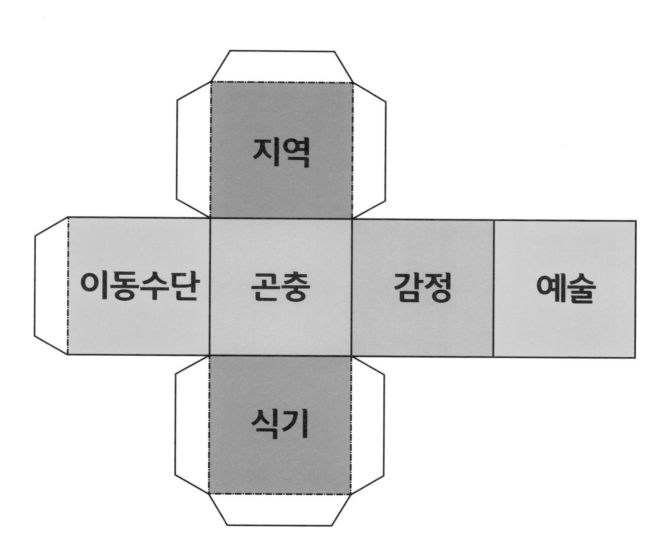

빙고게임

13차시 ▶ 유의어 응용하기

(100쪽)

메모리 게임

왕

놀라다

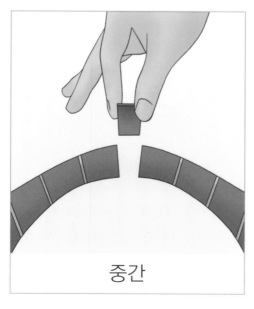

중간

강의

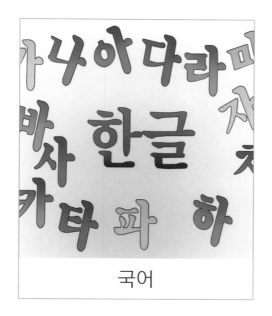

국어

수업

임금

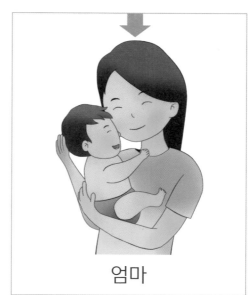

엄마

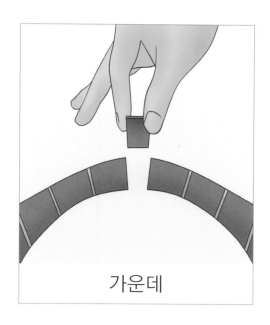

가운데

품다

쌓다

어머니

우리말

안다

당황하다

포개다

8차시 ▶ 다의어 다지기 (137쪽)

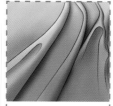

만질 때 거칠지
않고 부드럽다.

말씨나 마음씨
등이 부드럽다.

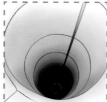

표면부터 바닥까지의
거리가 멀다.

생각을 곰곰이
오래 하다.

잠이 든 동안
경험하게 되는 현상

소원이나 희망

사람이나 동물이 아기나
알을 몸 밖으로 내보내다.

어떤 상황이나
결과를 생기게 하다.

다른 사람의 것을
잠시 얻어 쓰다.

다른 사람의
도움을 이용하다.

통과할 수 없게
된다.

할 말이 생각나지
않다.

무엇을 중심으로
계속 움직이다.

차례를 바꾸어
하다.